Michelle Schnackenberg

Sticken UND SCHENKEN

Besondere Geschenke für Freunde und Familie

CV

Inhalt

Einleitung

Sticken ist eine uralte Handwerkskunst, die seit ein paar Jahren ein echtes Revival erfährt. Zum Glück! Denn Sticken ist viel mehr als ein eingestaubtes Hobby aus Omas Zeiten. Mit einfachen Stichen kann man zum Beispiel Kleidung aufwerten, tolle Bilder erstellen oder Textilien verschönern. Und auch die Motive sind in den letzten Jahren weitaus moderner geworden.

Sticken kann ein wunderbarer Weg sein, dem schnelllebigen Alltag zu entfliehen. Es tut gut, etwas mit den eigenen Händen zu erschaffen. Mit jedem Stich wirst du entspannter und kannst deine Sorgen loslassen. Und das Schöne ist: Sticken kann wirklich jeder! Die ersten Stiche sind schnell erlernt und damit lassen sich schon viele Motive umsetzen. Du musst nicht viel investieren, um loszulegen, und kannst deinen Stickrahmen überallhin mitnehmen – ob in die Straßenbahn, ins Wartezimmer oder in den Urlaub.

Und ganz nebenbei entsteht dabei jedes Mal ein neues Kunstwerk, an dem du dich selbst erfreuen oder das du an deine Liebsten verschenken kannst.

Ich habe mir das Sticken beigebracht, als ich mit einer langen Mandelentzündung ans Bett gebunden war. Es war die perfekte Möglichkeit, um trotzdem kreativ zu sein und sich zu beschäftigen. Seitdem hat es mich nicht mehr losgelassen und inzwischen gehört es zu meinen größten Leidenschaften. Damals gab es allerdings noch nicht so viele Motivvorlagen, die mir gefielen. Und so fing ich an, eigene Vorlagen zu erstellen, meine Bilder online zu zeigen und Aufträge anzunehmen. Ich liebe es, neue Materialien und Techniken auszuprobieren und mein Wissen in Workshops und Anleitungen weiterzugeben. Ich hoffe, dass dir dieses Buch hilft, ein neues Hobby zu entdecken – und dabei gleichzeitig liebevolle Geschenke herzustellen. Viel Spaß dabei!

floss & flow

Über mich

Meine Liebe zum textilen Arbeiten begann in Omas Nähzimmer, wo ich fleißig unter dem Tisch Fäden „aufgelockert" habe. Im Studium gründete ich meinen ersten Nähblog, kurze Zeit später kam ich durch eine lange Mandelentzündung zum Sticken – denn das funktioniert auch auf dem Sofa!

Ich begann, meine Werke auf Instagram zu teilen, und bekam immer mehr Anfragen, ob ich meine Stickbilder auch verkaufen würde. Das war für mich der Startschuss, um mein Label Floss & Flow zu gründen, unter dem ich heute Aufträge sticke, Workshops für Stickanfänger veranstalte und Vorlagen verkaufe.

Ich möchte zeigen, dass Sticken längst kein altmodisches Hobby mehr ist. Es ist beruhigend, meditativ und hilft, den Kopf frei zu bekommen. Es ist ein wunderschönes Hobby, das wirklich jeder lernen kann!

Du findest mich auch auf

Instagram (https://www.instagram.com/floss_and_flow/),
Etsy (https://www.etsy.com/de/shop/flossandflow)
oder meiner Website (https://floss-and-flow.de)

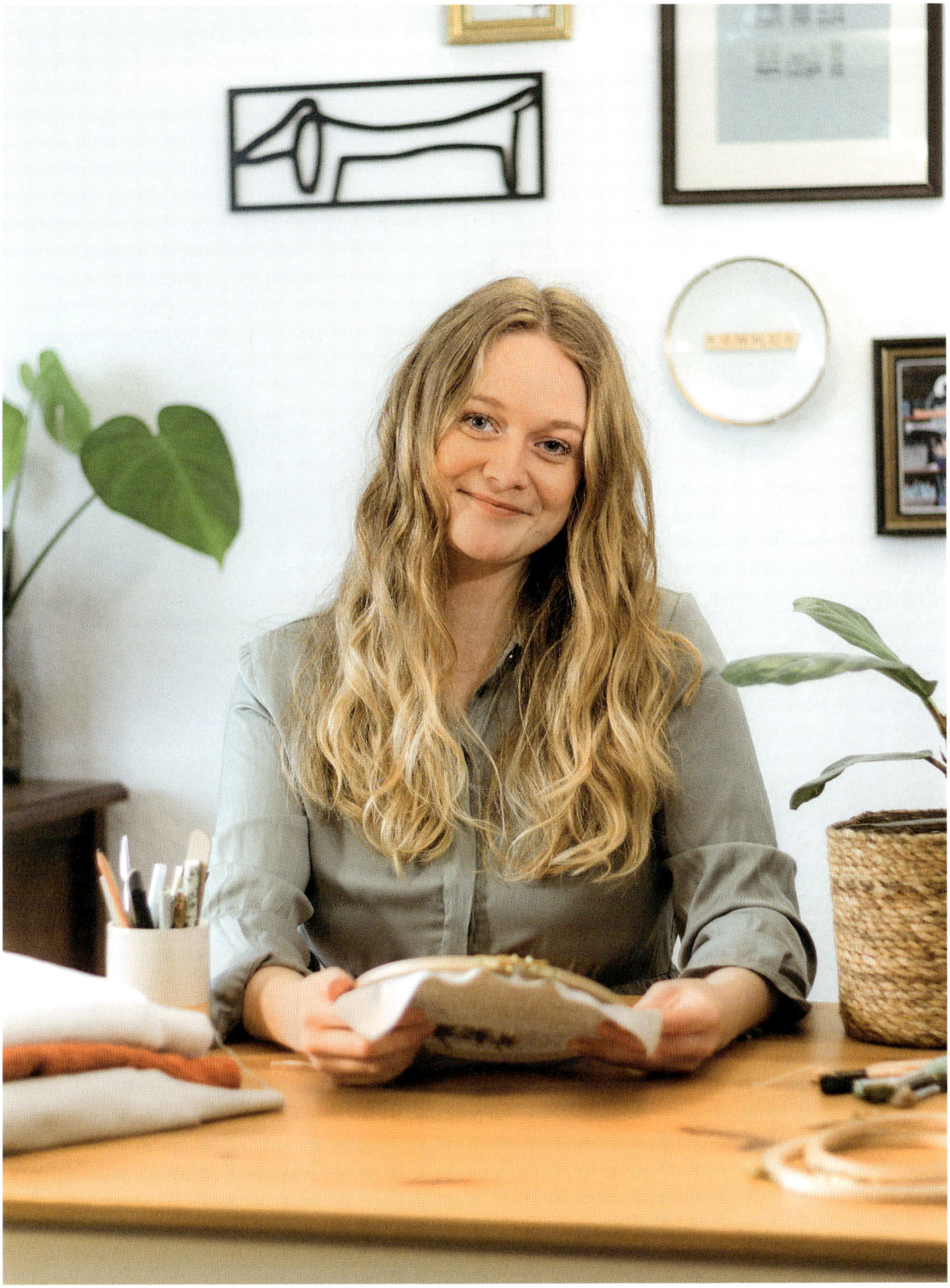

MATERIAL

Das Schöne am Sticken ist, dass du weder ein großes Budget noch viel Material brauchst. Du solltest darauf achten, qualitativ hochwertige Materialien zu kaufen, denn gerade beim Stickgarn und -rahmen macht es einen großen Unterschied, ob Marken- oder No-Name-Produkte verwendet werden. Mit Marken wie Prym, DMC, Anchor oder Rico Design kannst du nichts falsch machen.

Stickrahmen

Im Stickrahmen wird der zu bestickende Stoff eingespannt. Er sorgt dafür, dass der Stoff schön glatt liegt und gleichmäßig gespannt ist. Außerdem erleichtert er es dir, deine Arbeit festzuhalten. Stickrahmen gibt es in verschiedenen Durchmessern, gängige sind zwischen 10 und 30 cm groß.

Empfehlenswert sind vor allem solche aus Buchenholz. Von günstigen aus Bambus ist abzuraten, diese sind oft unregelmäßig gearbeitet und halten die Spannung nicht zuverlässig. Gute Stickrahmen gibt es z. B. von den Firmen Nurge, Prym oder Rico Design.

Wenn du Kleidung oder eine Tasche bestickst, ist der Stickrahmen immer nur ein Werkzeug, das nach dem Sticken wieder entfernt wird. Diesen Rahmen kannst du dann für das nächste Projekt weiterverwenden.

Eine andere Option ist es, das Stickbild einfach im Stickrahmen zu lassen und ihn wie einen Bilderrahmen an die Wand zu hängen. Die überstehenden Stoffkanten werden dafür auf der Rückseite zusammengezogen.

Stickgarn

Stickgarn, oder auch Sticktwist, besteht aus sechs Einzelfäden. Für feine Linien stickt man z. B. mit nur drei, zwei oder sogar einem Faden. Das Garn lässt sich einfach mit den Fingern teilen, indem du es an einem Fadenende ein bisschen auflockerst, sodass du die einzelnen Stränge erkennen kannst. Dann greifst du die Anzahl an Fäden, die du entnehmen möchtest, und ziehst sie vorsichtig heraus, während du die restlichen ganz locker festhältst.

Gutes Stickgarn, etwa von Marken wie DMC, Anchor oder Rico Design, besteht aus 100 % Baumwolle. Ich verwende in diesem Buch meist 6-fädigen Sticktwist von Anchor, die Farbbezeichnungen habe ich bei jedem Projekt angegeben, damit du es genau nacharbeiten kannst. Aber natürlich bleibt es dir selbst überlassen, anderes Garn und andere Farben zu nehmen!

Übrigens: Man kann auch mit anderen Materialien sticken, wie z. B. Perlgarn, Nähgarn oder Wolle. Sei ruhig mutig und experimentiere ein bisschen.

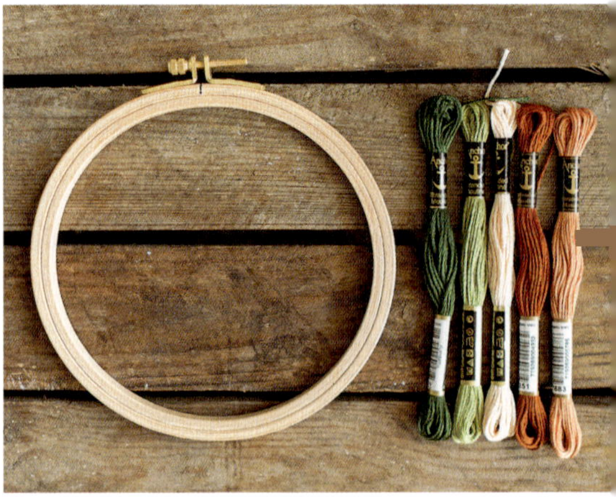

Sticknadeln

Sticknadeln sind in verschiedenen Größen und Formen erhältlich und werden je nach Art des zu bestickenden Stoffes und des Garns ausgewählt.
Eine zu dicke Nadel kann Löcher im Stoff hinterlassen, während eine zu dünne Nadel die Arbeit erschweren oder im schlimmsten Fall sogar brechen kann.
Als Anfänger solltest du mit einer mittelgroßen Nadel beginnen und bei Bedarf auf eine kleinere oder größere Nadel wechseln.
Ferner unterscheidet man Nadeln mit und ohne Spitze. Sticknadeln mit Spitze werden in der Regel für gewebte Stoffe wie Baumwolle oder Leinen verwendet. Nadeln mit scharfer Spitze gleiten leichter durch das Gewebe. Auch bei dickeren Stoffen wie Jeans oder Canvas werden sie eingesetzt.
Sticknadeln ohne bzw. mit stumpfer Spitze hingegen werden in der Regel für Woll- oder elastische Stoffe verwendet. Sie durchstechen das Gewebe nicht, sondern durchdringen es und gleiten zwischen den Fasern hindurch. Würde man bei solchen Stoffen eine spitze Nadel verwenden, bestünde die Gefahr, dass sie den Stoff beschädigte und Löcher entstünden.

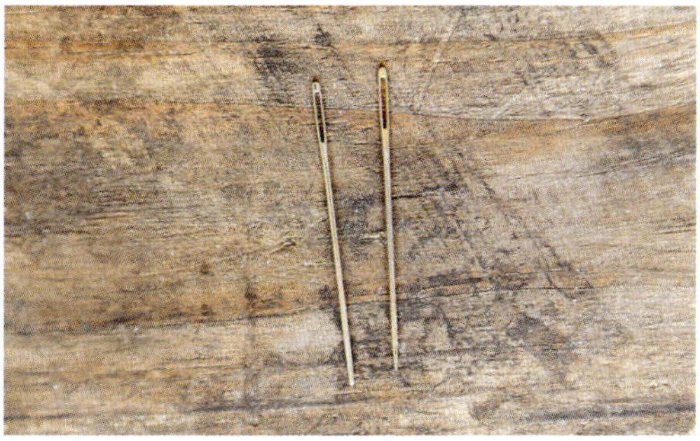

Trägerstoff

Webstoff

Für Anfänger eignen sich vor allem gewebte Stoffe, die nicht elastisch sind. Perfekt sind hier etwa Canvas, Baumwolle, Leinen, Hanf oder Jeans. Der Stoff sollte nicht zu dick sein, damit man die Vorlage gut abpausen kann und keinen hohen Kraftaufwand beim Sticken benötigt.

Elastischer Stoff

Grundsätzlich sind auch elastische Stoffe bestickbar (z. B. T-Shirts). Dafür sollte man aber schon etwas Übung haben, da sie nicht so einfach zu besticken sind wie nicht elastische Stoffe.
Elastische Stoffe werden oft ohne Stickrahmen bestickt oder nur locker in den Rahmen eingespannt, da sonst die Gefahr besteht, dass sich das Motiv am Ende verzieht. Außerdem sollte man immer mit einer Sticknadel ohne Spitze sticken, damit die Maschen nicht beschädigt werden.

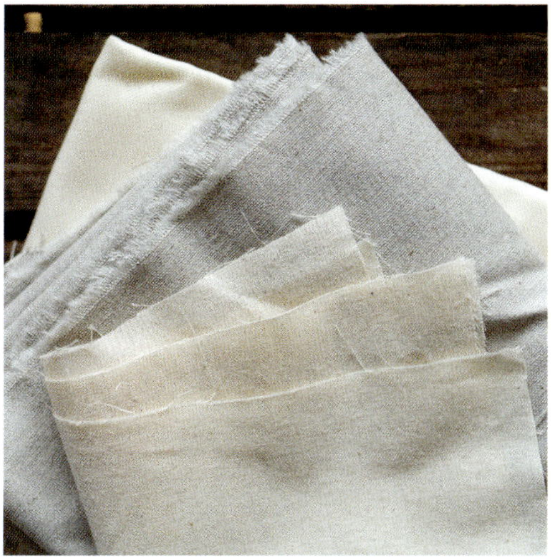

Weiteres nützliches Zubehör

Hitzeempfindlicher Stift

Um Motive auf den Stoff zu übertragen, sind Stifte mit thermosensibler Tinte eine große Hilfe (z. B. der Pilot Frixion Pen). Da die Tinte bei Hitze durchsichtig wird, kann die Vorzeichnung nach dem Sticken einfach weggebügelt oder -geföhnt werden. Aber Achtung: Bei Minusgraden werden die Linien wieder sichtbar (können aber jederzeit wieder weggebügelt werden).
Alternativ kannst du auch einen wasserlöslichen Stift (z. B. Trickmarker von Prym) verwenden. Dieser wird nach dem Sticken einfach ausgewaschen.

Selbstklebendes, wasserlösliches Stickvlies

Um Motive auf einen Stoff zu übertragen, durch den man nicht gut abpausen kann (z. B. dunkle und dicke Stoffe wie Jeans), ist ein Stickvlies sehr hilfreich. Das Motiv wird auf das Vlies abgepaust, dieses wird dann vom Trägerpapier gelöst und auf die gewünschte Stelle des Stoffes geklebt. Dann stickt man durch den Stoff und das Vlies hindurch. Am Ende wäscht man das Vlies unter klarem Wasser aus. Selbstklebendes, wasserlösliches Stickvlies gibt es z. B. von Madeira, DMC oder Vlieseline.

Stickrahmenhalter

Ein Stickrahmenhalter ist sehr nützlich, damit man den Stickrahmen nicht festhalten muss und mit beiden Händen gleichzeitig arbeiten kann. Es gibt ihn in verschiedenen Ausführungen, z. B. als Tischklemme oder als Bodenständer; meistens ist er aus Holz, etwa von DMC oder Elbesee.

Wickelkarten und Aufbewahrungsboxen

Für Fadenreste eignen sich Wickelkarten aus Pappe oder Plastik. Darauf wird der Faden aufgewickelt, bis er beim nächsten Projekt wieder zum Einsatz kommt. Am besten beschriftet man die Karte mit der Farbnummer des Garns, damit man es bei Bedarf wieder nachbestellen kann. Für Wickelkarten gibt es auch passende Aufbewahrungsboxen, um alles gut sortiert und sicher zu verstauen. Aber natürlich kannst du dir auch ganz einfach aus Pappe selbst Wickelkarten anfertigen und diese z. B. in einem alten Schuhkarton aufbewahren.

Nadel-Twister

Sobald du eine kleine Nadelsammlung angelegt hast, lohnt sich die Anschaffung eines Nadel-Twisters, in dem man viele Nadeln unterschiedlicher Größe aufbewahren kann. Sie werden darin durch einen Magnet gehalten und können durch eine Drehmechanik fächerartig herausgedreht werden, sodass man ganz leicht die gewünschte Nadel entnehmen kann. So verlegt man seine Nadeln nicht und kann sie zudem bei Bedarf sicher transportieren.

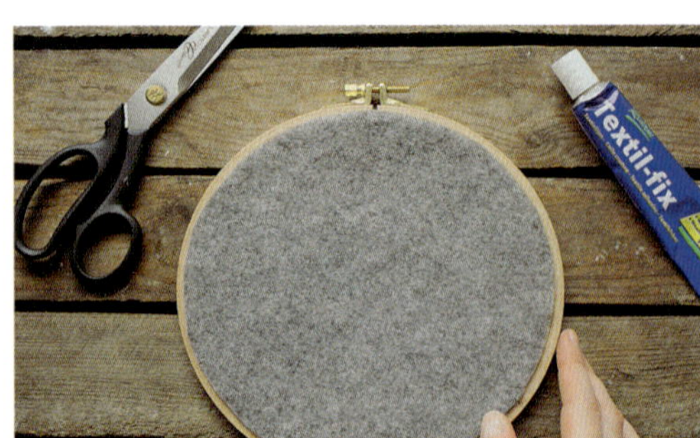

ERSTE SCHRITTE

Wie bekomme ich mein Motiv auf den Stoff?

Option 1: Du legst deinen Stoff auf die Vorlage und paust diese mit einem hitzeempfindlichen oder wasserlöslichen Stift ab. Dabei kann eine helle Unterlage (z. B. ein Lichttisch, ein Tablet oder ein Fenster) hilfreich sein.
Option 2: Du arbeitest mit einem wasserlöslichen, selbstklebenden Stickvlies und überträgst das Motiv auf das Vlies. Manche Vlies-Sorten sind sogar bedruckbar, dann kannst du es in deinen Drucker einlegen und dein Wunschmotiv direkt daraufdrucken. Anschließend löst du das Vlies vom Trägerpapier ab und klebst es auf deinen Stoff. Nun stickst du einfach durch Vlies und Stoff hindurch und wäschst es anschließend unter klarem Wasser aus.

Wie spanne ich den Stoff in den Stickrahmen?

Als Erstes lockerst du die Schraube des Stickrahmens und trennst den äußeren vom inneren Ring. Lege den inneren Ring auf eine gerade Unterlage und den Stoff darüber. Richte ihn so aus, dass dein Motiv mittig liegt. Jetzt wird der äußere über den inneren Ring und den Stoff gestülpt. Dabei sollte die Schraube nur so weit gelockert werden, dass der äußere Ring nicht viel größer als der innere ist. Dadurch wird der Stoff automatisch gleichmäßig gespannt. Zum Schluss die Schraube festdrehen und den Stoff noch einmal straff ziehen.

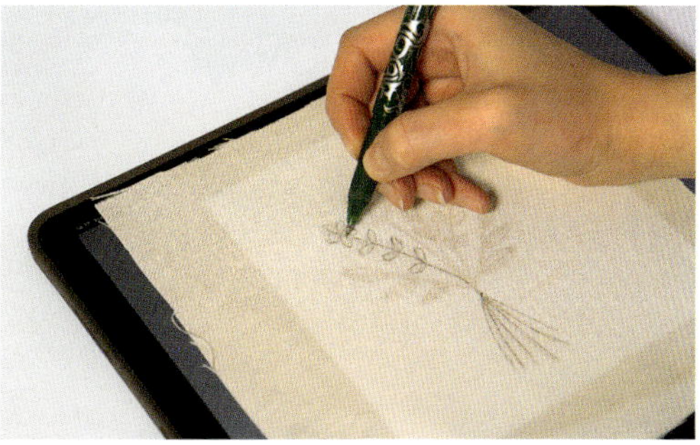

Wie viel Garn muss ich abschneiden?

Schneidest du ein zu kurzes Stück ab, wird es nicht lange reichen und du musst immer wieder mit einem neuen Faden ansetzen. Schneidest du ein zu langes Stück ab, besteht die Gefahr, dass sich der Faden verheddert oder verknotet. Aber welche ist nun die richtige Länge? Im Idealfall entspricht sie der Länge deines Unterarms. Damit kommst du relativ lange aus und der Faden ist trotzdem nicht zu lang.

Wann sticke ich mit dem ganzen Garn, wann muss ich es teilen?

Theoretisch kann jedes Motiv mit allen sechs Fäden des Garns gestickt werden. Um jedoch ein ausgewogenes Ergebnis zu bekommen, sollte es für feine Linien oder kleine Blüten geteilt werden. Mit wie vielen Strängen du sticken möchtest, liegt an dir. Probiere einfach aus, was dir gefällt!
Große Blüten wie z. B. Webrosen sehen meistens am besten aus, wenn man sie mit allen sechs Fäden stickt. Feinere Blätter wirken schöner mit drei Fäden, besonders feine Schrift sieht auch mit nur einem Faden gestickt schön aus.
Ich gebe für jedes Projekt an, mit wie vielen Fäden die Stickstiche gearbeitet werden sollen.

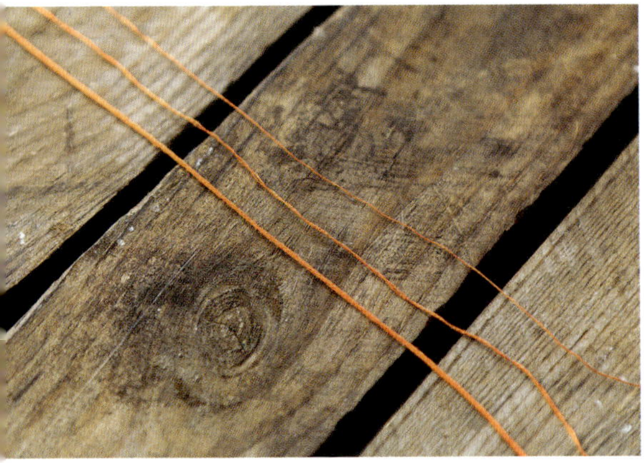

Wie fange ich an?

Als Erstes fädelst du ein Ende deines Fadens durch das Nadelöhr. Ziehe es ruhig ein kleines Stück hindurch, sodass es nicht gleich wieder herausrutscht, wenn du stickst. In das andere Fadenende machst du einen kleinen Knoten, damit das Garn festsitzt und nicht einfach wieder aus der Arbeit herausgezogen werden kann. Dann kannst du den ersten Stich setzen!

Was mache ich, wenn ich den Faden wechseln will?

Du möchtest die Farbe wechseln oder dein Faden wird zu kurz zum Weitersticken? Dann musst du den Faden auf die Rückseite deiner Arbeit bringen. Vernähe ihn dort, indem du ihn einfach ein paar Mal unter den gestickten Maschen hindurchziehst und das Ende dann abschneidest. Nun kannst du mit einer anderen Farbe weitersticken.

Was mache ich mit der Rückseite?

Wenn deine Stickarbeit fertig ist und sie als Bild im Ring bleiben soll, musst du zunächst die Vorlage entfernen. Kürze den Stoff anschließend rundum auf 2–3 cm. Lege ihn dann nach hinten um und klebe ihn dort auf den inneren Stickring (z. B. mit Heiß- oder Textilkleber). Alternativ kannst du den Stoffrand auch mit groben Heftstichen einfassen. Dabei darauf achten, dass am Ende beide Fadenenden auf derselben Stoffseite liegen. An diesen ziehen, sodass sich der Stoff auf die Rückseite legt. Anschließend aus Pappe oder Filz einen Kreis in der Größe des Stickrahmens zuschneiden und damit die Rückseite verschließen.

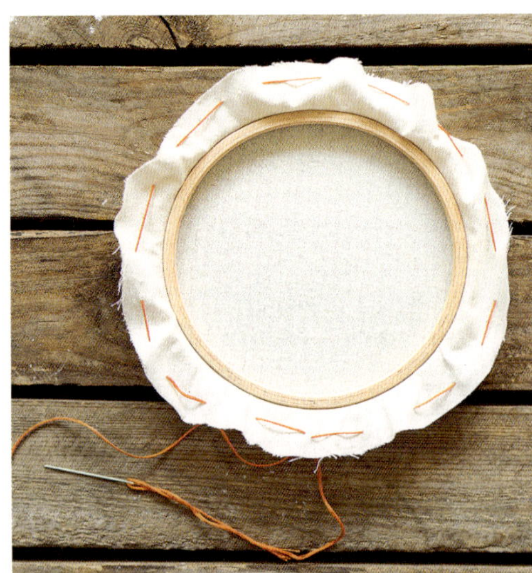

STICKSTICHE

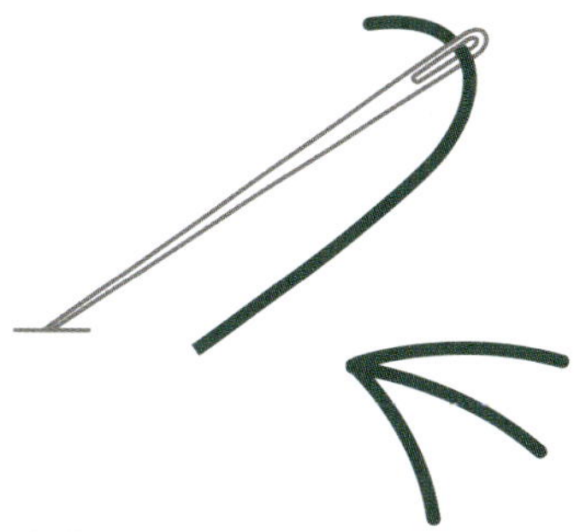

Geradstich

Die Nadel von unten nach oben durch den Stoff stechen. Die gewünschte Stichlänge festlegen und dort wieder einstechen und die Nadel auf die Rückseite bringen. Fertig!

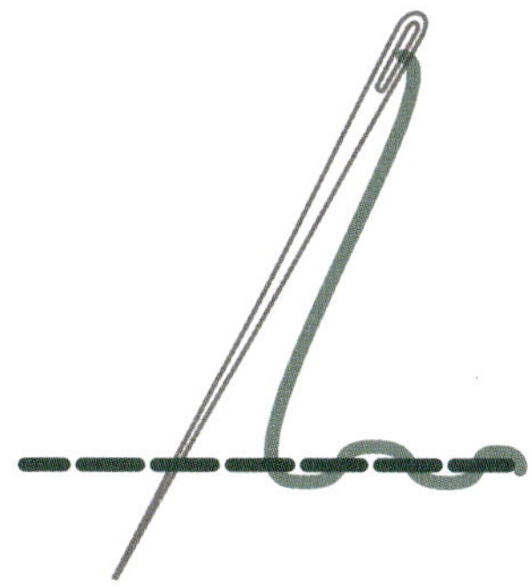

Umwickelter Rückstich

Zuerst einen einfachen Rückstich sticken. Die Nadel dann am Anfangspunkt von unten nach oben stechen und unter den einzelnen Rückstichen immer von derselben Seite aus durchziehen. So entsteht eine kordelähnliche Optik. Am Ende die Nadel wieder auf die Rückseite bringen und dort vernähen.

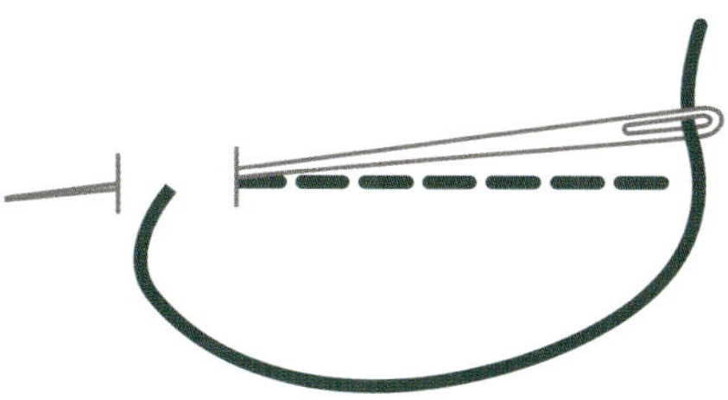

Rückstich

Die Nadel von unten nach oben durch den Stoff stechen, dann in der gewünschten Stichlänge nach rechts einstechen. In der doppelten Stichlänge nach links wieder ausstechen und den Faden anziehen. Dann die Nadel nach rechts führen und dicht neben der Ausstichstelle wieder einstechen. Die Stiche liegen dicht aneinander und sollten möglichst gleich lang sein.

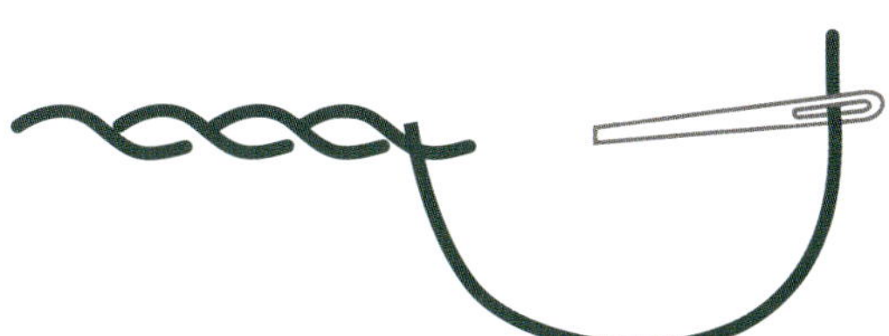

Stielstich

Von unten nach oben ausstechen. Dann einen Geradstich sticken, dabei den Faden aber noch nicht ganz durchziehen, sondern die Nadel wieder zurückführen und in der Stichmitte von unten nach oben ausstechen. Darauf achten, nicht durch den Faden zu stechen. Jetzt festziehen.

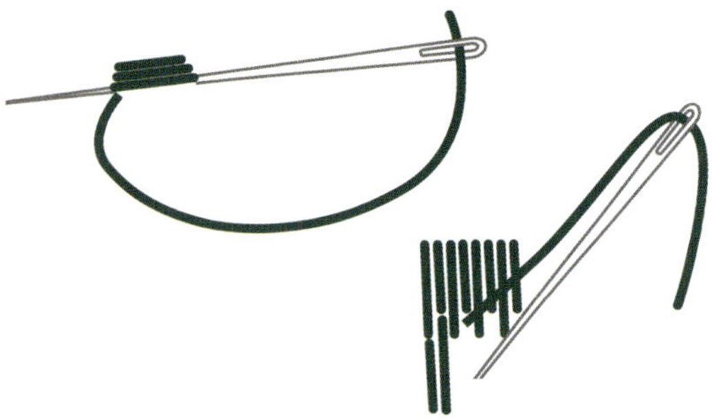

Plattstich/Versetzter Plattstich

Beim Plattstich werden mehrere Stiche parallel dicht nebeneinandergesetzt. Er eignet sich besonders gut, um Flächen zu füllen. Dafür von unten nach oben aus- und eine Stichlänge weiter wieder in den Stoff einstechen. Dann dicht daneben den nächsten Stich auf dieselbe Weise sticken.

Beim Versetzten Plattstich werden in einer Reihe abwechselnd lange und kürzere Stiche und in der folgenden Reihe diese dann versetzt gestickt. Dadurch ergibt sich automatisch ein versetztes Muster, wenn du die zweite Reihe stickst.

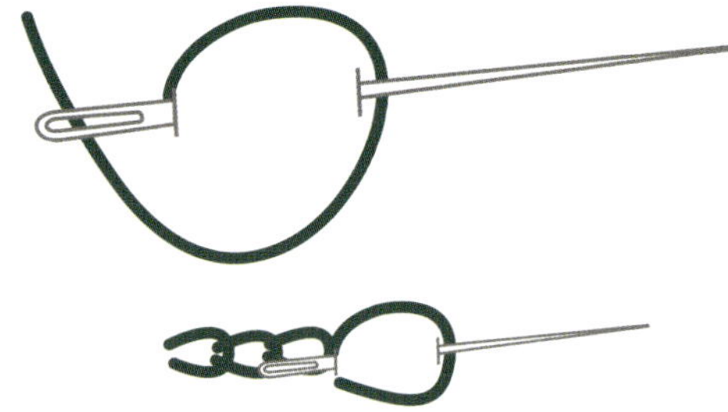

Kettenstich

Von unten nach oben durch den Stoff stechen und dicht neben dem Ausstich wieder einstechen. In der gewünschten Stichlänge wieder ausstechen, dabei die Nadel jedoch nicht durchziehen und den Faden zu einer kleinen Schlaufe unter die Nadelspitze legen. Dann die Nadel durchziehen und den Faden anziehen. Wieder dicht neben der Ausstichstelle einstechen und wie beschrieben fortfahren.

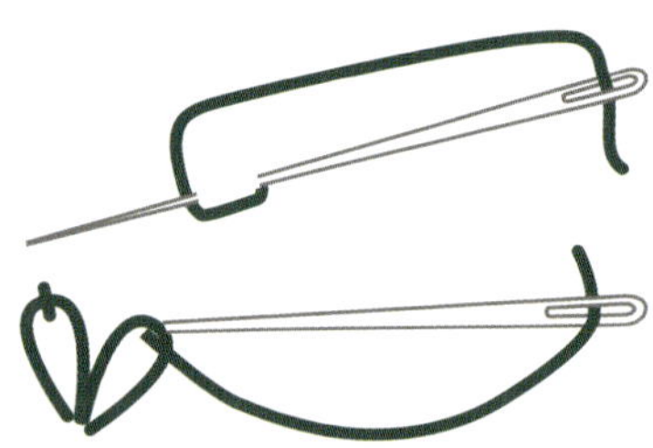

Margeritenstich

Dies ist eine Variante des Kettenstichs, bei dem die Schlaufen kreisförmig angeordnet und durch einen zusätzlichen kleinen Stich fixiert werden. Dafür wie beschrieben einen Kettenstich arbeiten, aber zum Schluss nicht dicht neben der Ausstichstelle wieder einstechen, sondern außerhalb der Schlaufe, um diese zu sichern.

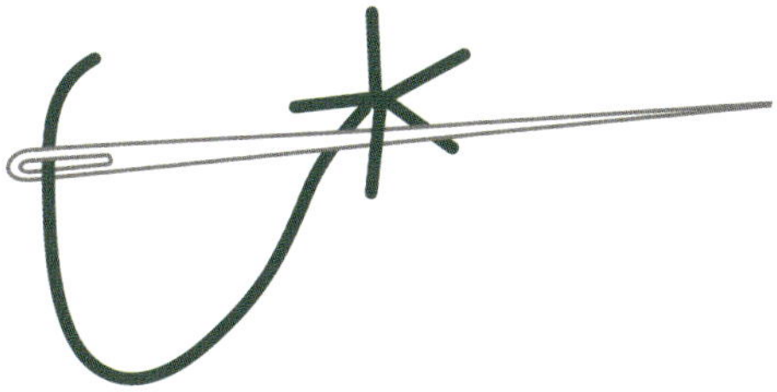

Webrosenstich

Damit lassen sich wunderschöne Rosen sticken. Zunächst eine ungerade Anzahl von Geradstichen strahlenförmig aufsticken. Dann von der Mitte aus um diese herumweben: Dafür den Faden mit der Nadel immer abwechselnd unter und über die Strahlen führen. Diesen dabei nicht zu stramm ziehen und nicht in den Stoff stechen.

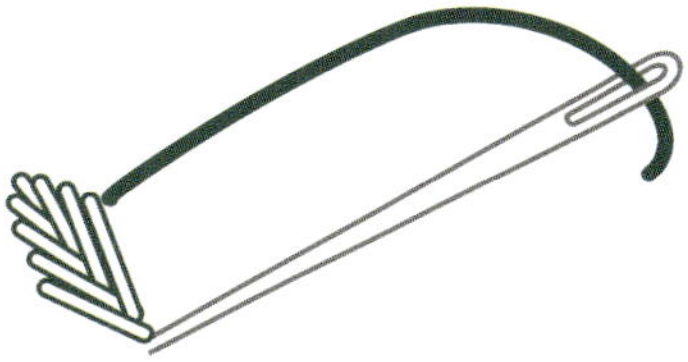

Grätenstich

Dieser Stich wird gerne verwendet, um eine Blattform zu sticken. Dafür an der oberen Blattspitze von unten nach oben durch den Stoff stechen und einen geraden Stich über etwa ein Drittel der Mittellinie setzen. Dann mit der Nadel oben rechts neben dem Einstich wieder aus- und leicht nach unten links versetzt einstechen. Ebenso auf der anderen Seite von links nach rechts verfahren und auf diese Weise weitersticken, bis das ganze Blatt gefüllt ist.

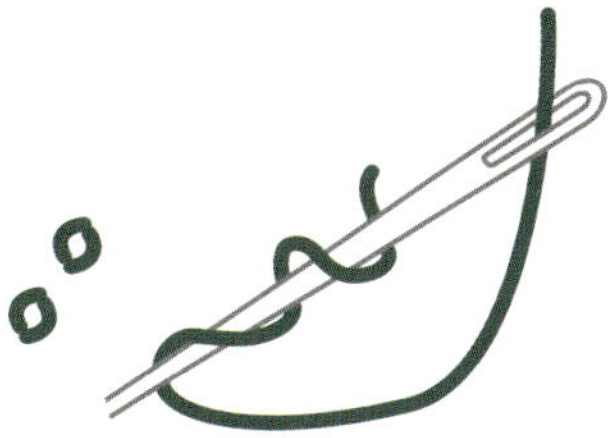

Knötchenstich

Der Knötchenstich kann zu Beginn etwas knifflig sein und erfordert etwas Übung. Dafür von unten nach oben durch den Stoff ausstechen. Den Faden je nach gewünschter Größe 2- bis 3-mal um die Nadel wickeln und dabei stramm halten. Nun neben dem Ausstich wieder in den Stoff einstechen. Den Faden nicht zu fest durchziehen, damit der Knoten nicht durch den Stoff rutscht.

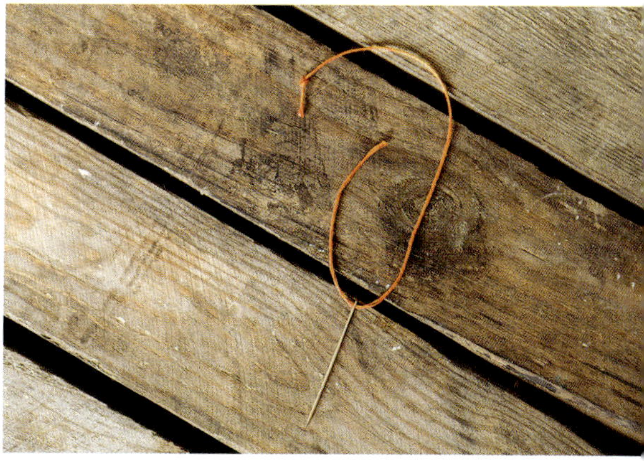

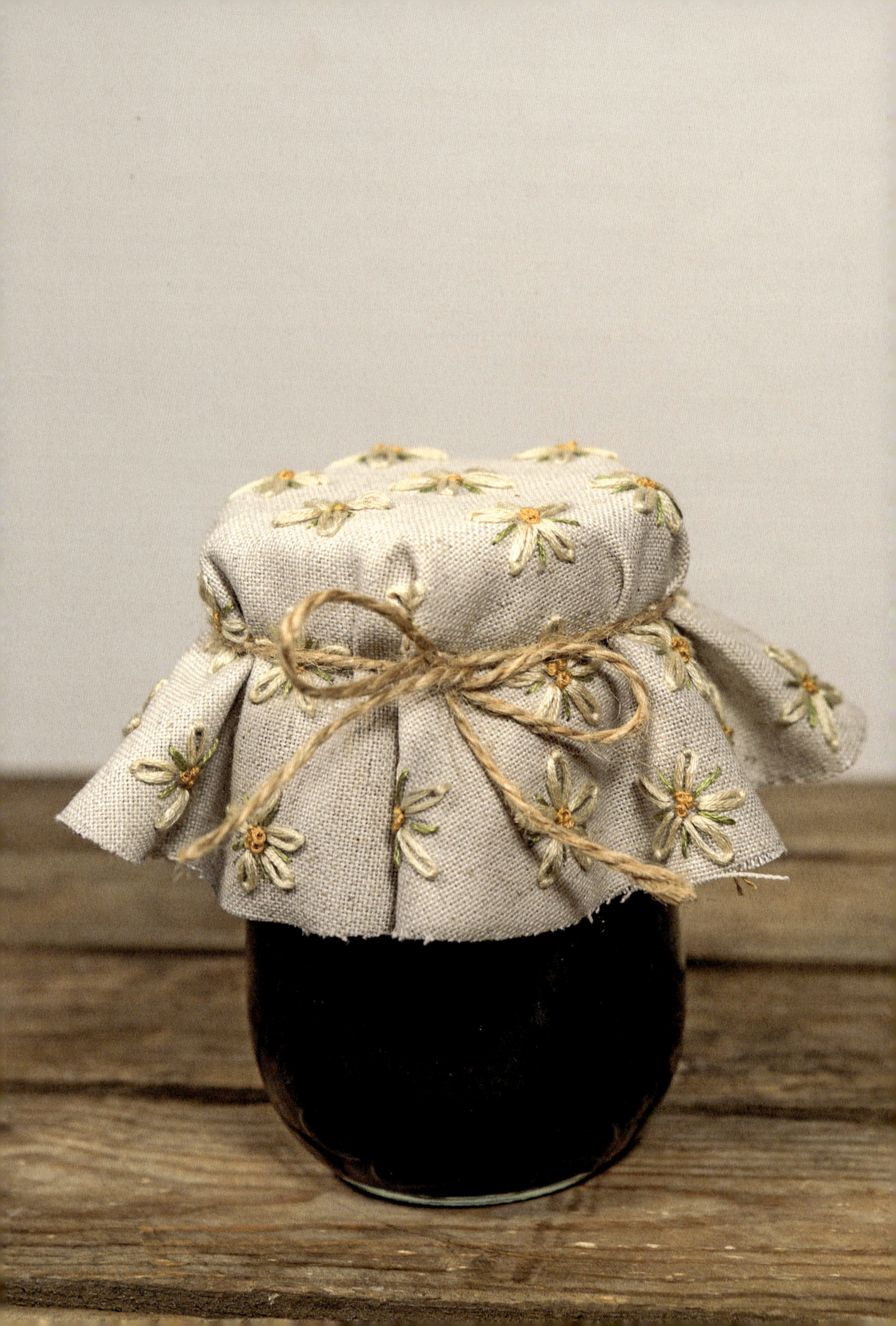

HAUBE FÜR EIN MARMELADENGLAS

Selbst gemachte Geschenke sind doch die schönsten – und müssen nicht viel kosten! Mit dieser Anleitung kannst du ganz einfach ein altes Glas verschönern. Befülle es für ein besonders persönliches Geschenk mit selbst gemachten Keksen oder Marmelade. Ein tolles Mitbringsel!

Schwierigkeitsgrad
EINFACH

Du brauchst:

- Leinen- oder Baumwollstoff, ca. 20 x 20 cm (je nach Größe des Deckels)
- Stickgarn von Anchor in den Farben Kies (830), Curry (907) und Gelboliv (843) oder andere beliebige Farben
- spitze Sticknadel
- Stickrahmen (ca. 18 cm ø)
- hitzeempfindlichen oder wasserlöslichen Stift
- Schere
- Zirkel oder Teller
- Marmeladenglas oder anderes Glas mit Deckel
- hübsches Bändchen zum Befestigen der Haube
- Stickvorlage (Seite 84)

Verwendete Stickstiche

- Margeritenstich (6-fädig)
- Knötchenstich (2-fädig)
- Geradstich (3-fädig)

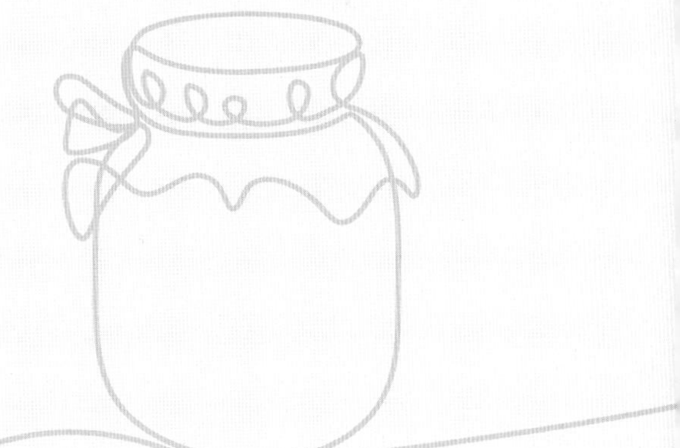

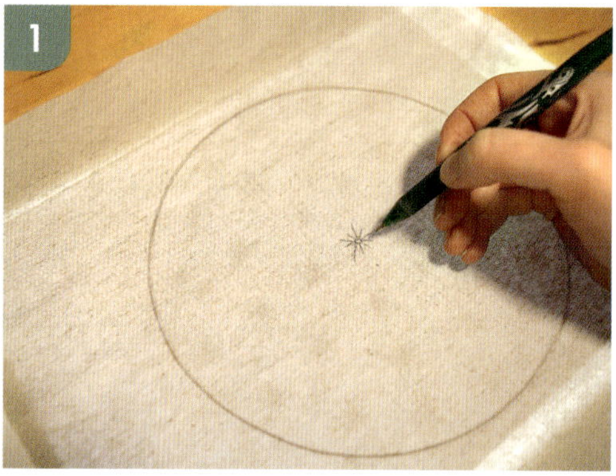

Den Durchmesser des Deckels ausmessen und ca. 5 cm dazuaddieren. Nun einen Kreis in dieser Größe auf den Stoff zeichnen. Als Hilfsmittel dafür einen Zirkel oder Teller in passender Größe verwenden. Die Vorlage auf den Stoff übertragen und diesen in den Stickrahmen spannen.

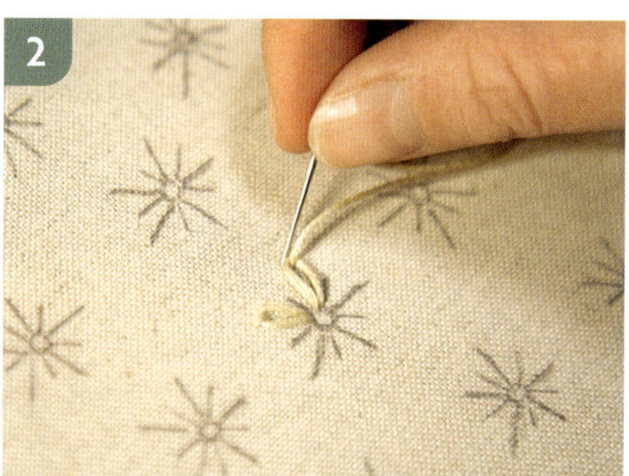

Als Erstes die Blütenblätter mit einem Margeritenstich in Kies sticken. Wenn der Faden für mehrere Blumen ausreicht, einfach mit einer benachbarten Blüte fortfahren.

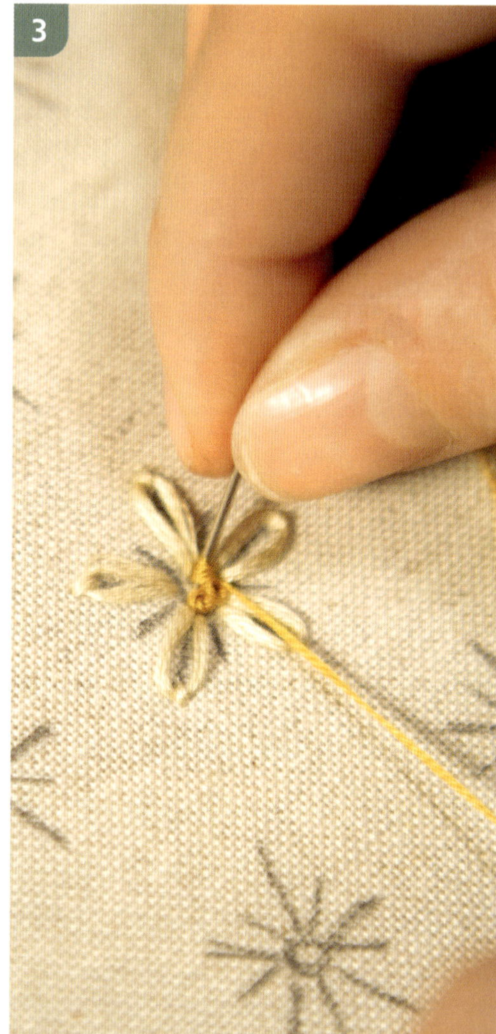

Die Blütenmitte mit Knötchenstichen in Curry sticken. Dafür den Faden 1- bis 2-mal um die Nadel wickeln.

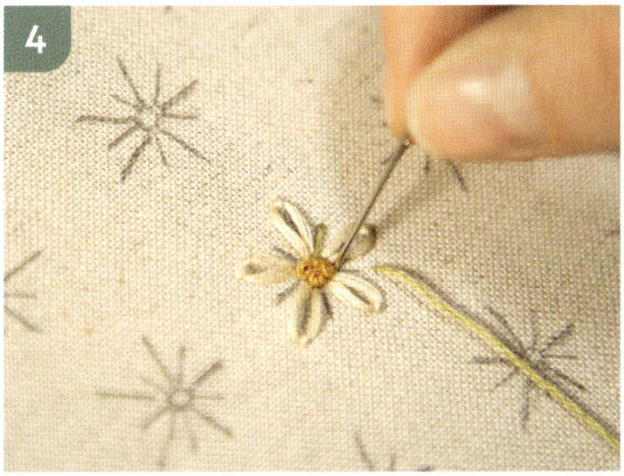

Nun die kleinen Blätter mit Geradstichen in Gelboliv sticken. Dafür immer am äußeren Ende der Vorzeichnung ausstechen und kurz neben den Knötchenstichen wieder einstechen.

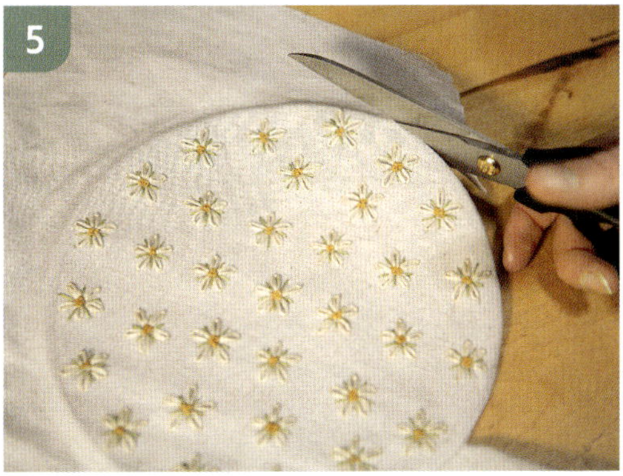

Wenn der ganze Kreis mit Blüten bestickt ist, diesen ausschneiden.

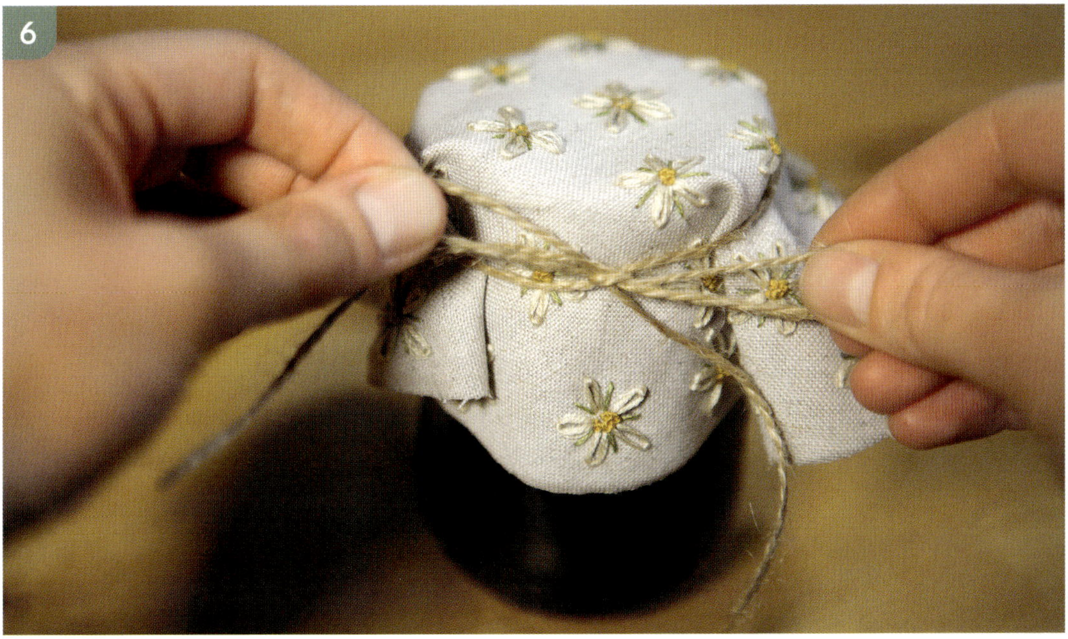

Über das zugeschraubte Marmeladenglas legen und mit einem hübschen Band um den Deckel schnüren.

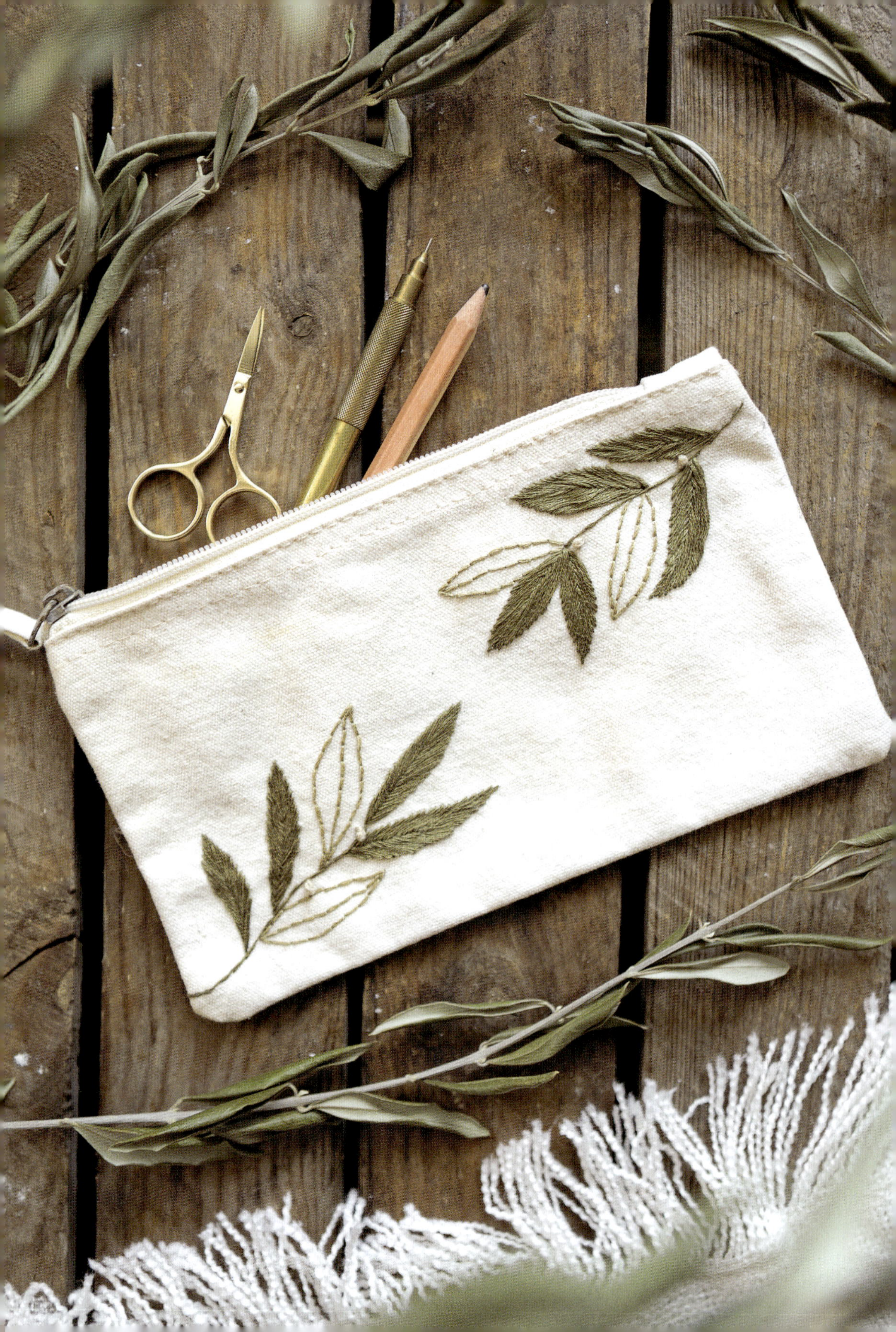

BESTICKTES TÄSCHCHEN

Taschen für Kleinkram kann man nie genug haben! Darin lassen sich wunderbar Stifte, Handarbeits- oder Kosmetikutensilien aufbewahren. Und bestickt sind sie einfach ein ganz besonderes Accessoire. Wer mag, kann die Vorlage oben links oder unten rechts in der Ecke noch durch einen persönlichen Zusatz ergänzen und zum Beispiel noch einen Namen aufsticken.

Schwierigkeitsgrad
EINFACH BIS MITTEL

Du brauchst:

- Täschchen aus Baumwollstoff, ca. 20 x 12 cm
- Stickgarn von Anchor in den Farben Braunoliv (856) und Tundra (392) oder andere beliebige Farben
- spitze Sticknadel
- selbstklebendes, wasserlösliches Stickvlies
- Schere
- Stickvorlage (Seite 85)

Verwendete Stickstiche

- Stielstich (2-fädig)
- Grätenstich (3-fädig)
- Rückstich (3-fädig)
- Knötchenstich (6-fädig)

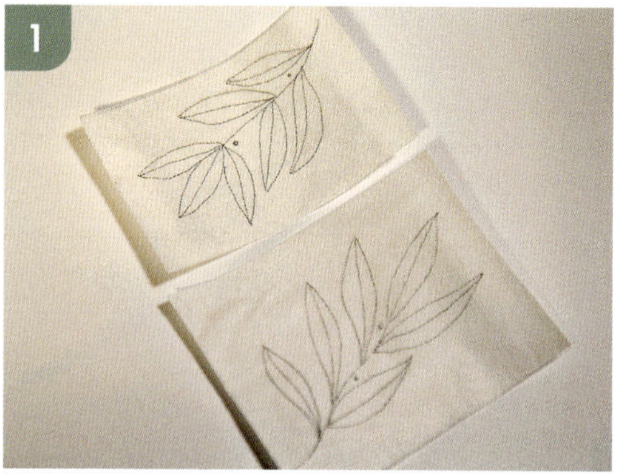

Die beiden Vorlagen auf zwei separate Stücke Stickvlies übertragen.

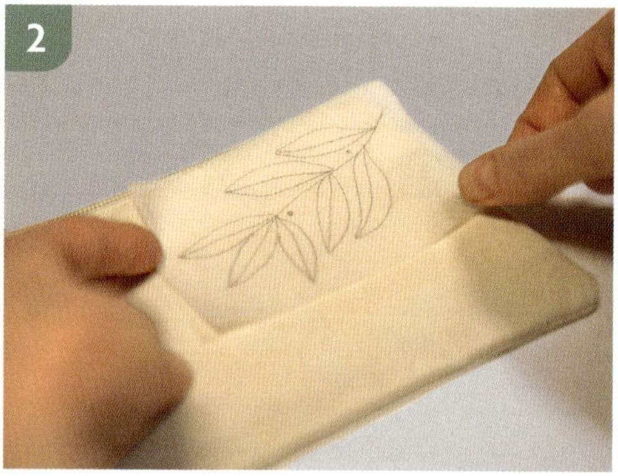

Das Vlies an den Ecken des Täschchens positionieren und festdrücken.

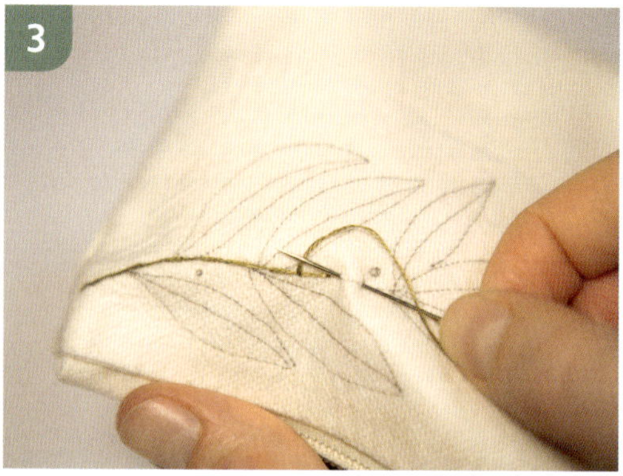

Mit der Farbe Braunoliv den Stiel des Blattes mit dem Stielstich sticken.

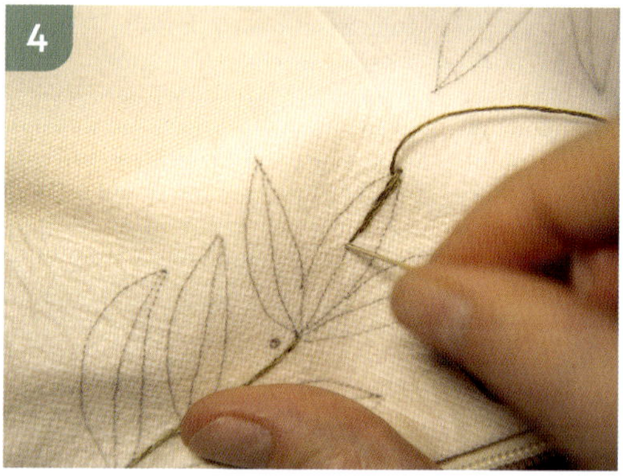

Dann die dunklen Blätter mit dem Grätenstich in Braunoliv ausfüllen.

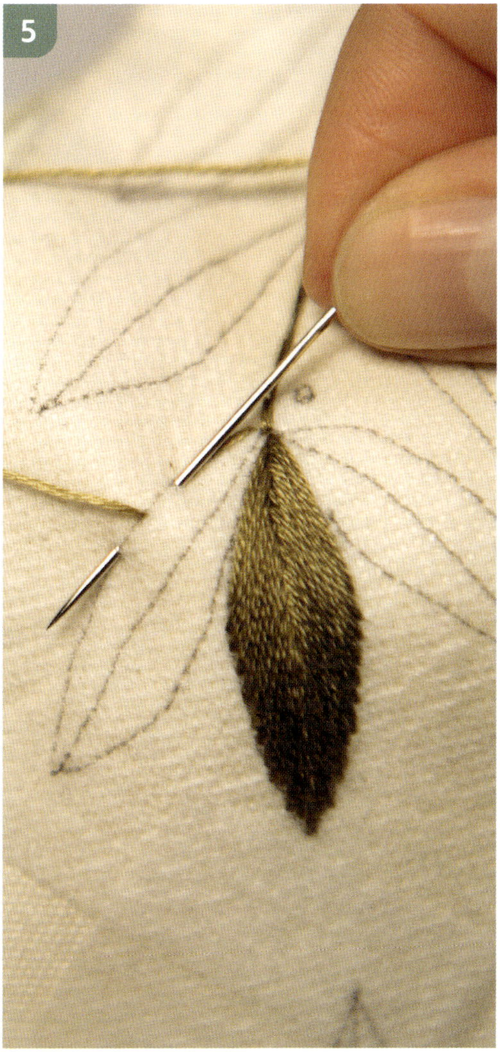

Die Konturen der hellen Blätter mit dem Rückstich arbeiten, ebenso deren Mittellinien.

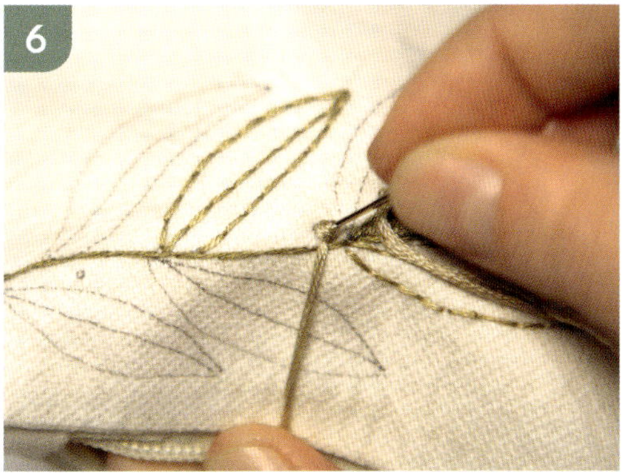

Die kleinen Knospen am Stiel in Tundra mit dem Knötchenstich sticken, dabei den Faden jeweils 2- bis 3-mal um die Nadel wickeln.

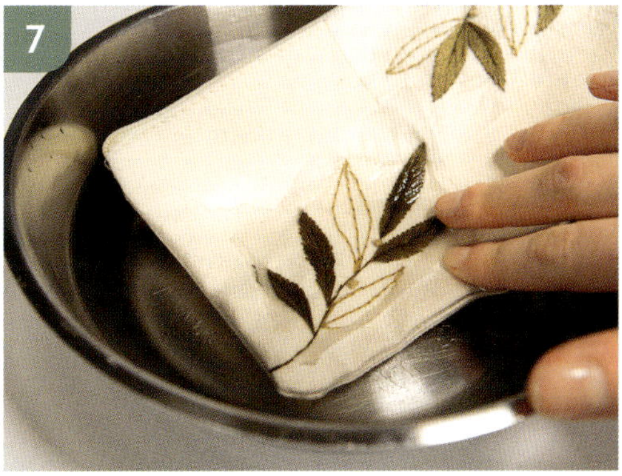

Zum Schluss das Stickvlies sorgfältig auswaschen und das Täschchen trocknen lassen.

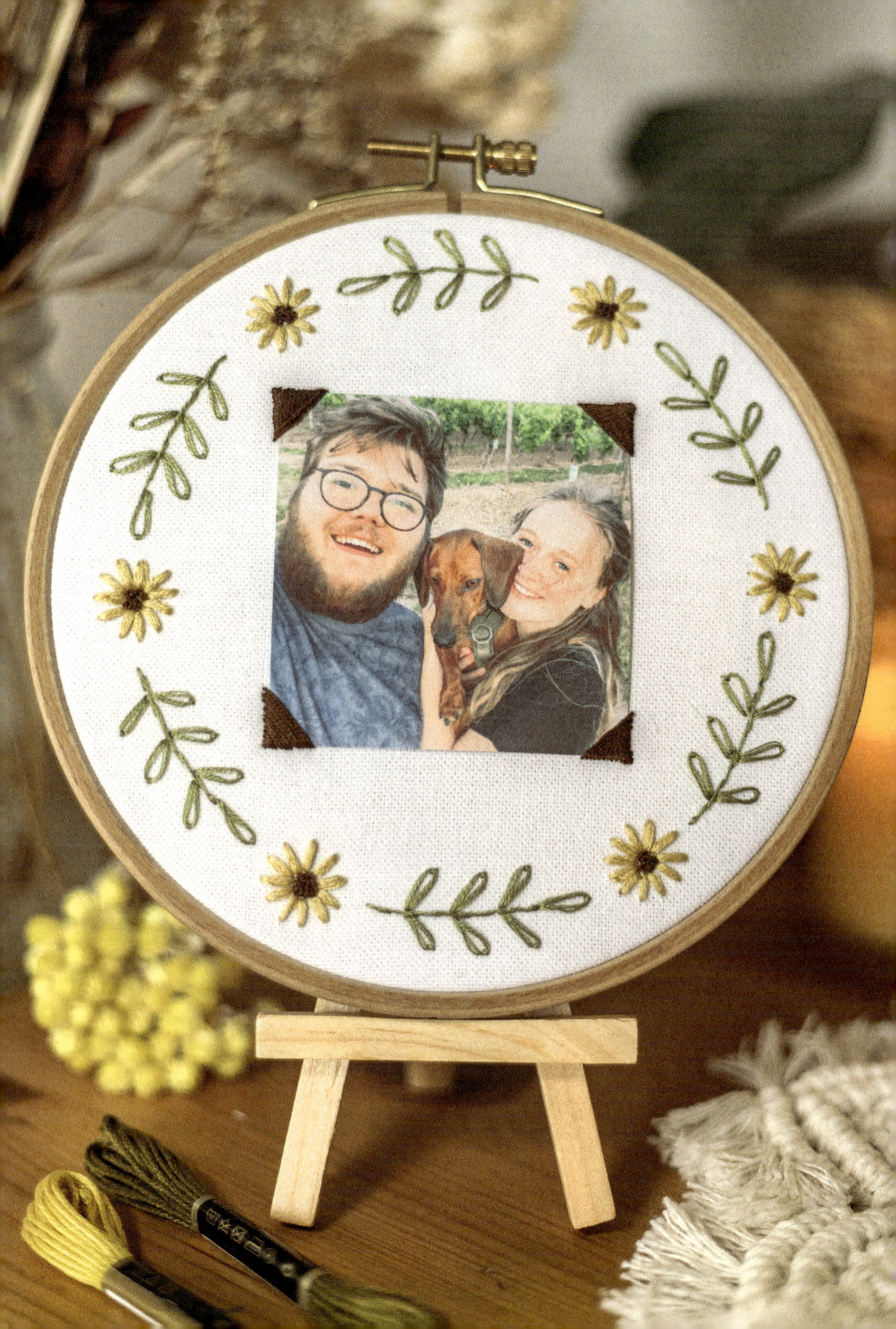

GESTICKTER BILDERRAHMEN

Hier verwandeln wir unseren Stickrahmen in einen Bilderrahmen. Dafür werden einfach Fotoecken aufgestickt, in die ein Foto eingeschoben werden kann. Das Ganze wird dann mit einem zauberhaften Blumenkranz umrandet. Mit dieser Schritt-für-Schritt-Anleitung ist das Projekt auch für Anfänger geeignet. Das Ergebnis ist ein individuelles Kunstwerk, das garantiert für Begeisterung sorgt und ein perfektes Geschenk für jeden Anlass ist. Tipp: Einen besonderen Vintage-Touch erhält das Stickbild mit einem alten Foto, zum Beispiel deiner Eltern oder Großeltern. Eine schöne Idee zum Hochzeits- oder Jahrestag.

Schwierigkeitsgrad
EINFACH

Du brauchst:

- Leinen- oder Baumwollstoff, ca. 25 x 25 cm
- Stickgarn von Anchor in den Farben Gelboliv (843), Stachelbeere (874) und Kaffeebraun (360) oder andere beliebige Farben
- spitze Sticknadel
- Stickrahmen (ca. 15–18 cm ø)
- hitzeempfindlichen oder wasserlöslichen Stift
- Schere
- Foto (ca. 7 x 7 cm)
- Stickvorlage (Seite 86)

Verwendete Stickstiche

- Stielstich (2-fädig)
- Margeritenstich (2-fädig)
- Geradstich (3-fädig)
- Knötchenstich (2-fädig)
- Plattstich (2-fädig)

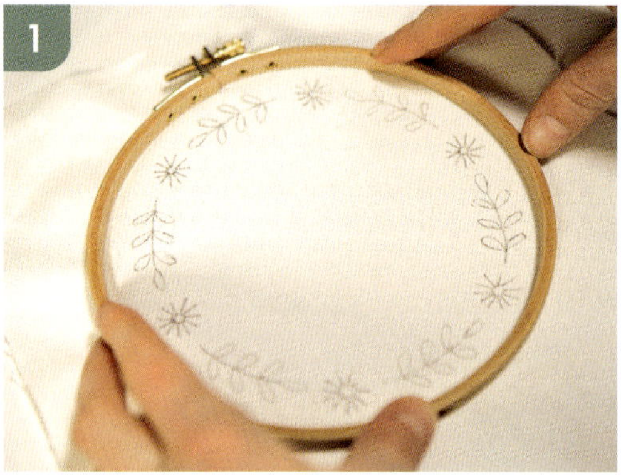

Die Kranzvorlage auf den Stoff übertragen und diesen in den Stickrahmen spannen. Darauf achten, dass das Motiv mittig ausgerichtet und die Spannung gleichmäßig verteilt ist. Die Schraube festziehen.

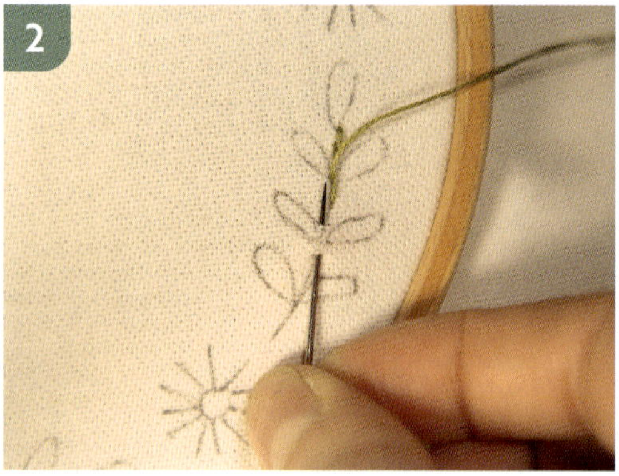

Als Erstes den Stiel der Pflanzen mit dem Stielstich in Gelboliv sticken.

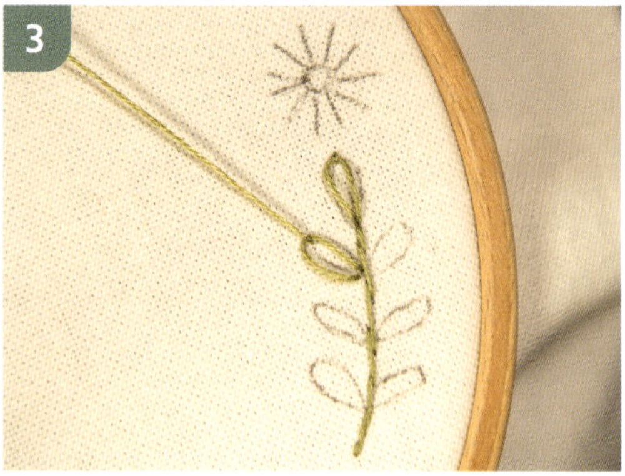

Dann mit den Blättern fortfahren und diese im Margeritenstich arbeiten.

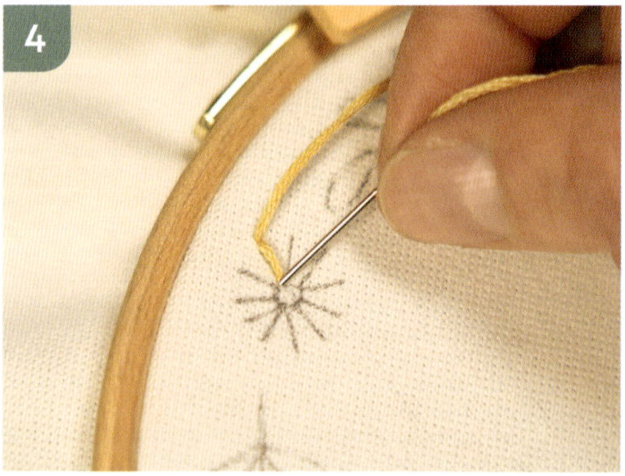

Die Blütenblätter in der Farbe Stachelbeere mit einem einfachen Geradstich sticken. Damit sie dicker werden, für jedes Blatt 2 Geradstiche arbeiten, also über den bereits gestickten einen zweiten Stich setzen.

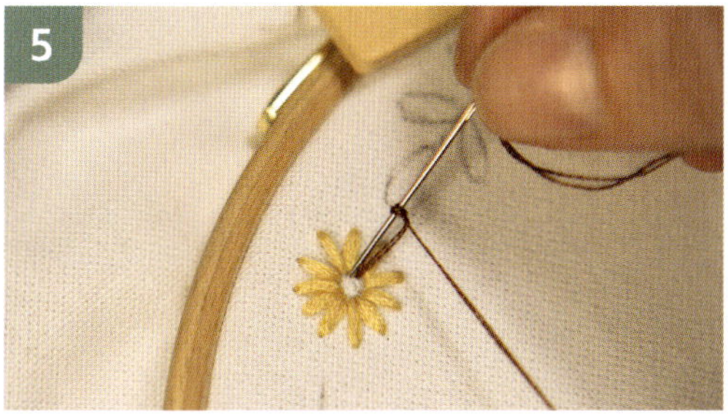

Die Mitte der Blüte mit Knötchenstichen in Kaffeebraun ausfüllen, dabei den Faden jeweils 1- bis 2-mal um die Nadel wickeln.

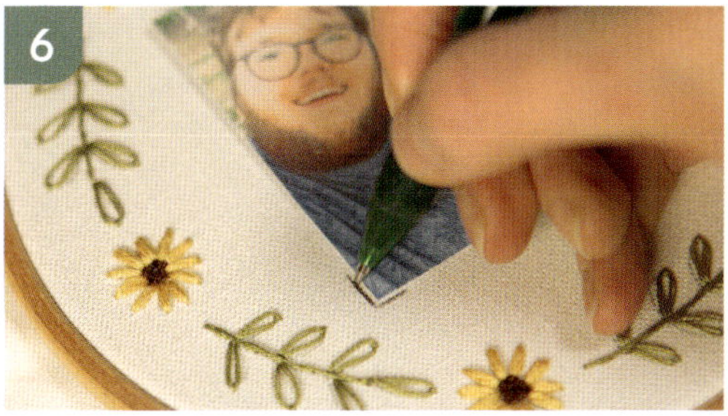

Das Foto mittig in den Kranz legen und die Ecken markieren. Dabei sollten die Markierungen jeweils ca. 1 cm lang sein.

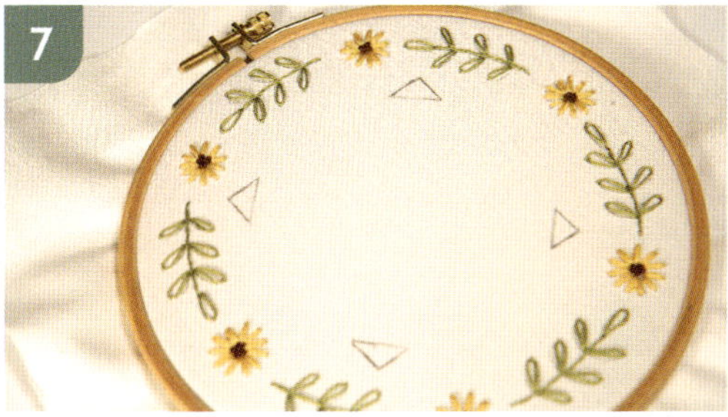

Diese dann zu kleinen Dreiecken verbinden.

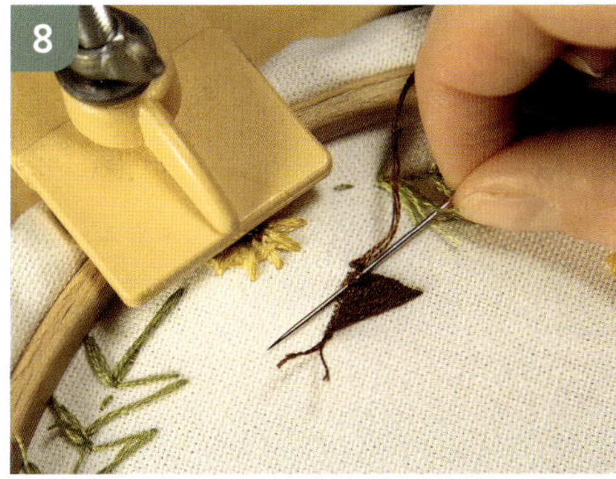

Die Dreiecke mit dem Plattstich ausfüllen. Dabei unbedingt auf die Stickrichtung achten: Der Plattstich muss immer parallel zu der langen Kante des Dreiecks gestickt werden. Nur so können später die Fotoecken eingeschoben werden.

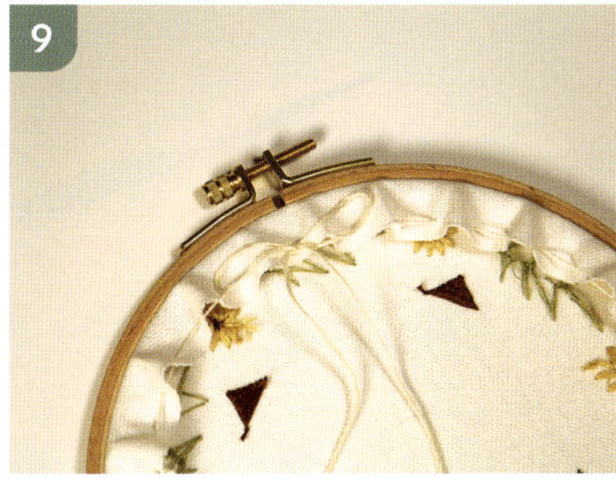

Zuletzt die Rückseite verschließen (siehe Seite 12).

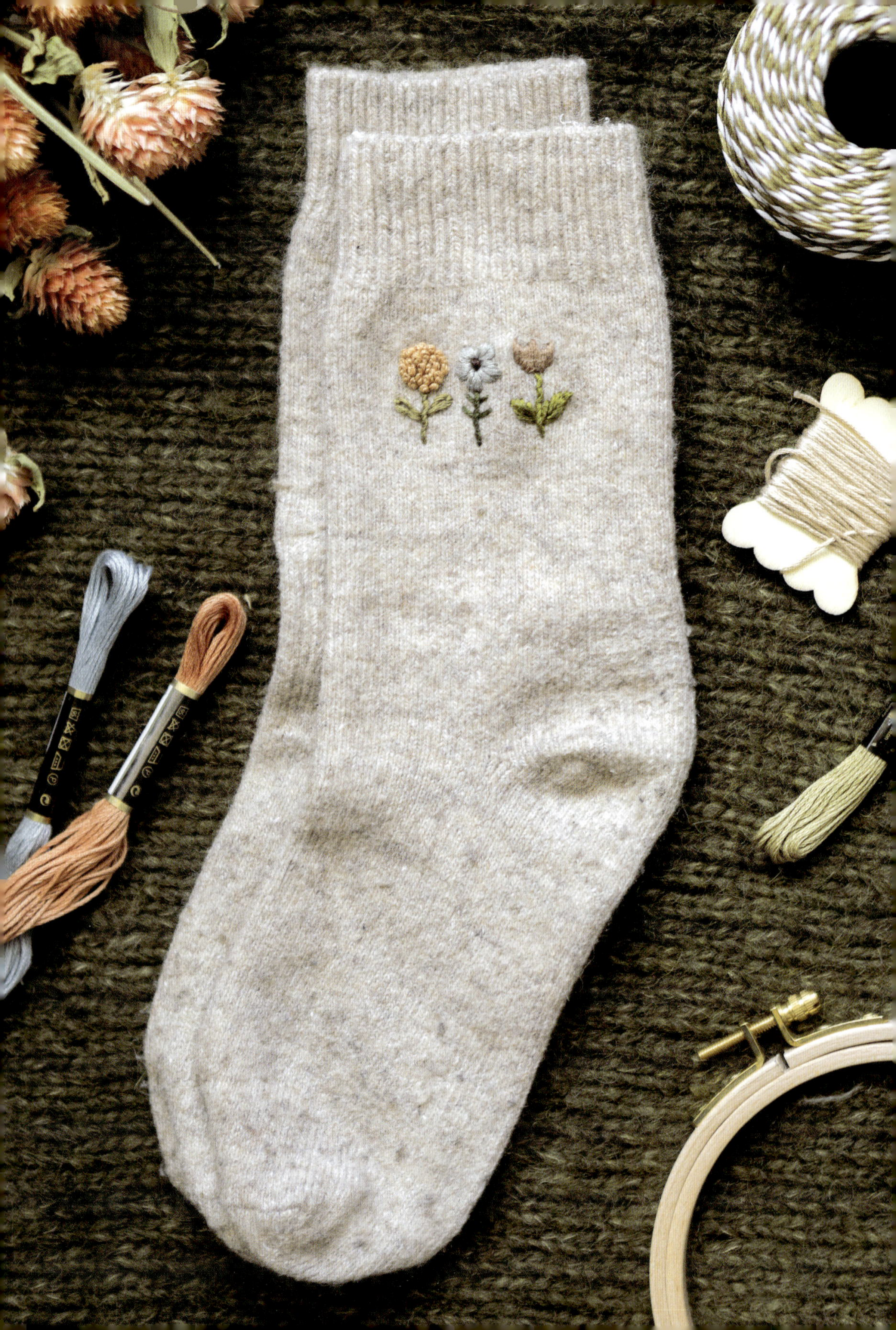

SOCKEN

Socken sind ein langweiliges Geschenk? Nicht, wenn du sie liebevoll bestickst! Das geht mit dieser Anleitung ganz einfach. Besonders individuell wird es, wenn du die Socken vorher selbst strickst.

Schwierigkeitsgrad
EINFACH

Du brauchst:

- Wollsocken
- Stickgarn von Anchor in den Farben Braunoliv (856), Karamellbraun (368), Moorgrün (846), Grüngrau hell (1040), Dunkelbraun mittel (381), Olivgrün (281) und Make-up hellbraun (1084) oder andere beliebige Farben
- stumpfe Sticknadel
- selbstklebendes, wasserlösliches Stickvlies
- Schere
- Stickvorlage (Seite 85)

Verwendete Stiche und Garnstärke

- Umwickelter Rückstich (6-fädig)
- Margeritenstich (6-fädig)
- Knötchenstich (6-fädig)
- Geradstich (6-fädig)
- Grätenstich (6-fädig)
- Plattstich (6-fädig)

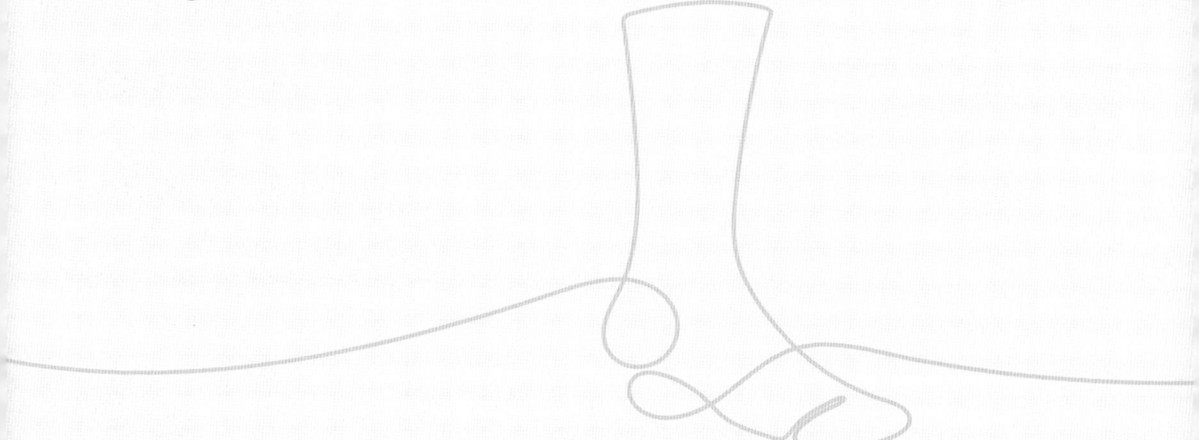

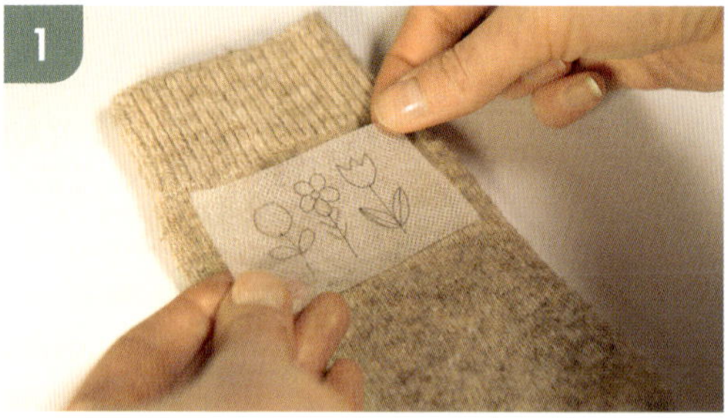

Die Vorlage auf ein Stück Vlies übertragen und dieses auf den Socken kleben.

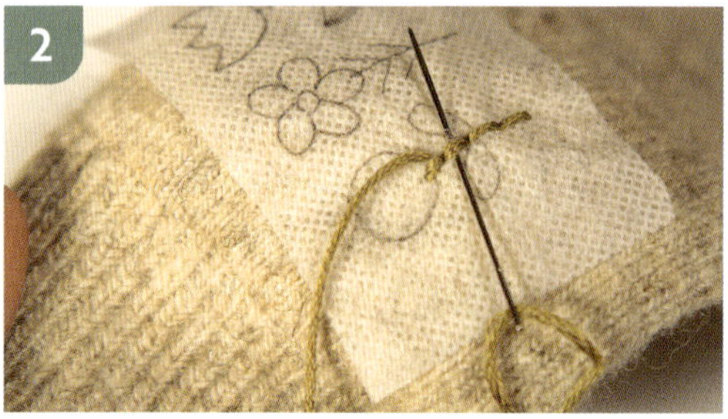

Mit der linken Blume beginnen und zuerst den Stiel mit dem umwickelten Rückstich in Braunoliv sticken.

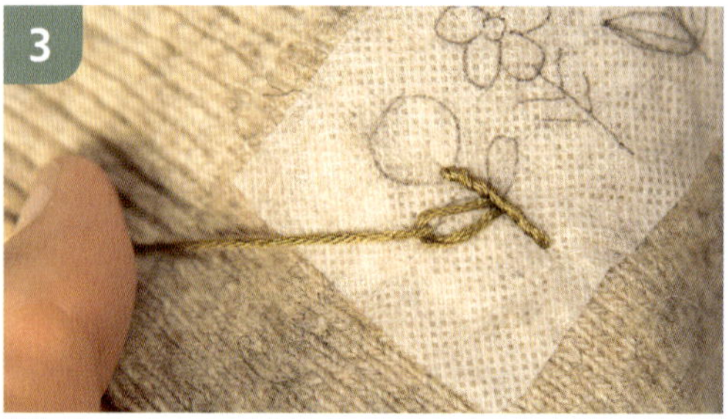

Die beiden Blätter in derselben Farbe mit dem Margeritenstich sticken.

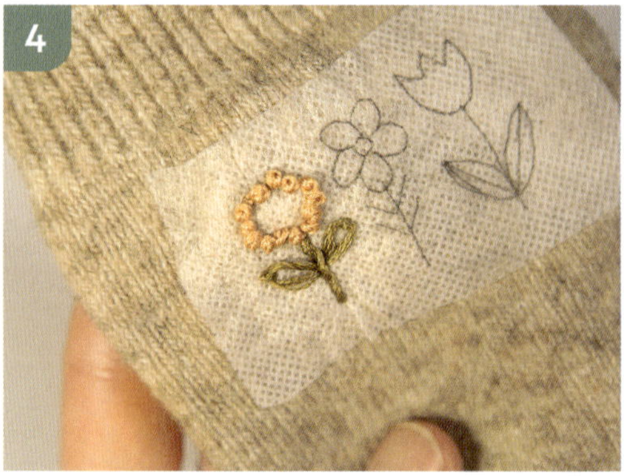

Die Blüte mit Knötchenstichen in Karamellbraun sticken. Dabei von außen nach innen arbeiten.

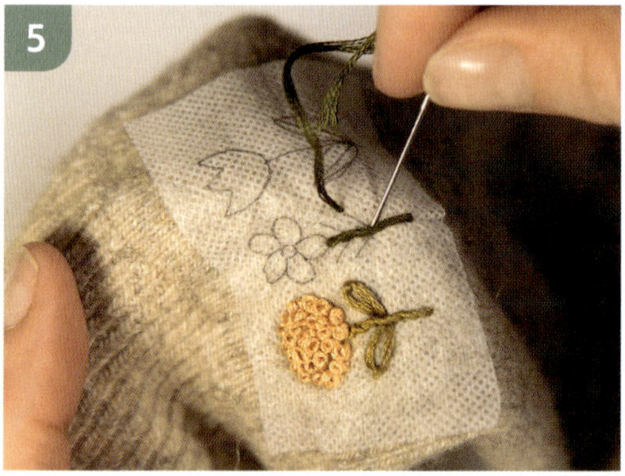

Mit der mittleren Blume fortfahren und zunächst den Stiel in Moorgrün ebenfalls mit dem umwickelten Rückstich sticken. Anschließend mit derselben Farbe die Blätter mit einem Geradstich sticken, dabei von außen nach innen arbeiten.

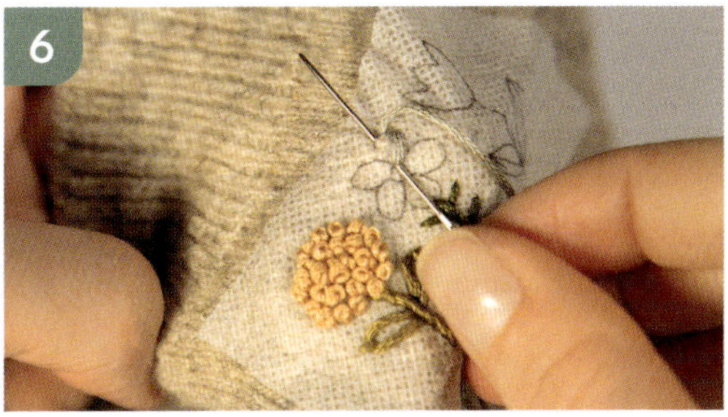

Die Blütenblätter in Grüngrau hell mit dem Plattstich sticken.

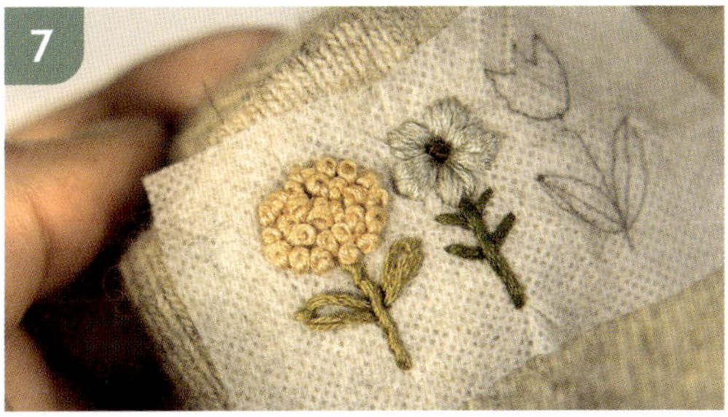

Die Blütenmitte mit einem Knötchenstich in Dunkelbraun mittel ausfüllen.

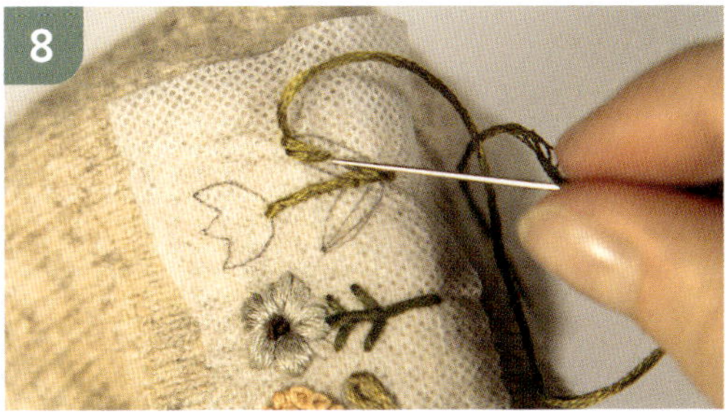

Mit der rechten Blume fortfahren und auch hier in Olivgrün den Stiel mit dem umwickelten Rückstich und die Blätter mit dem Grätenstich sticken.

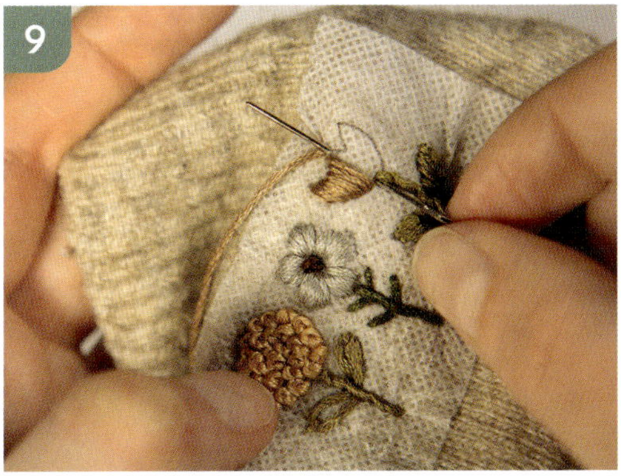

Zuletzt die Blüte in Make-up hellbraun mit dem Plattstich sticken.

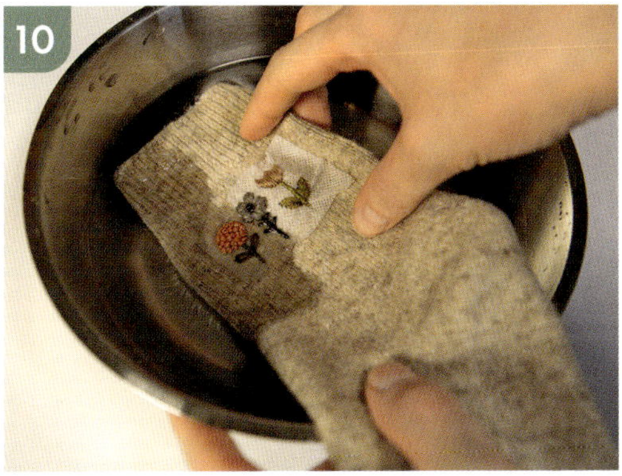

Anschließend das Vlies auswaschen und die Socken trocknen lassen.

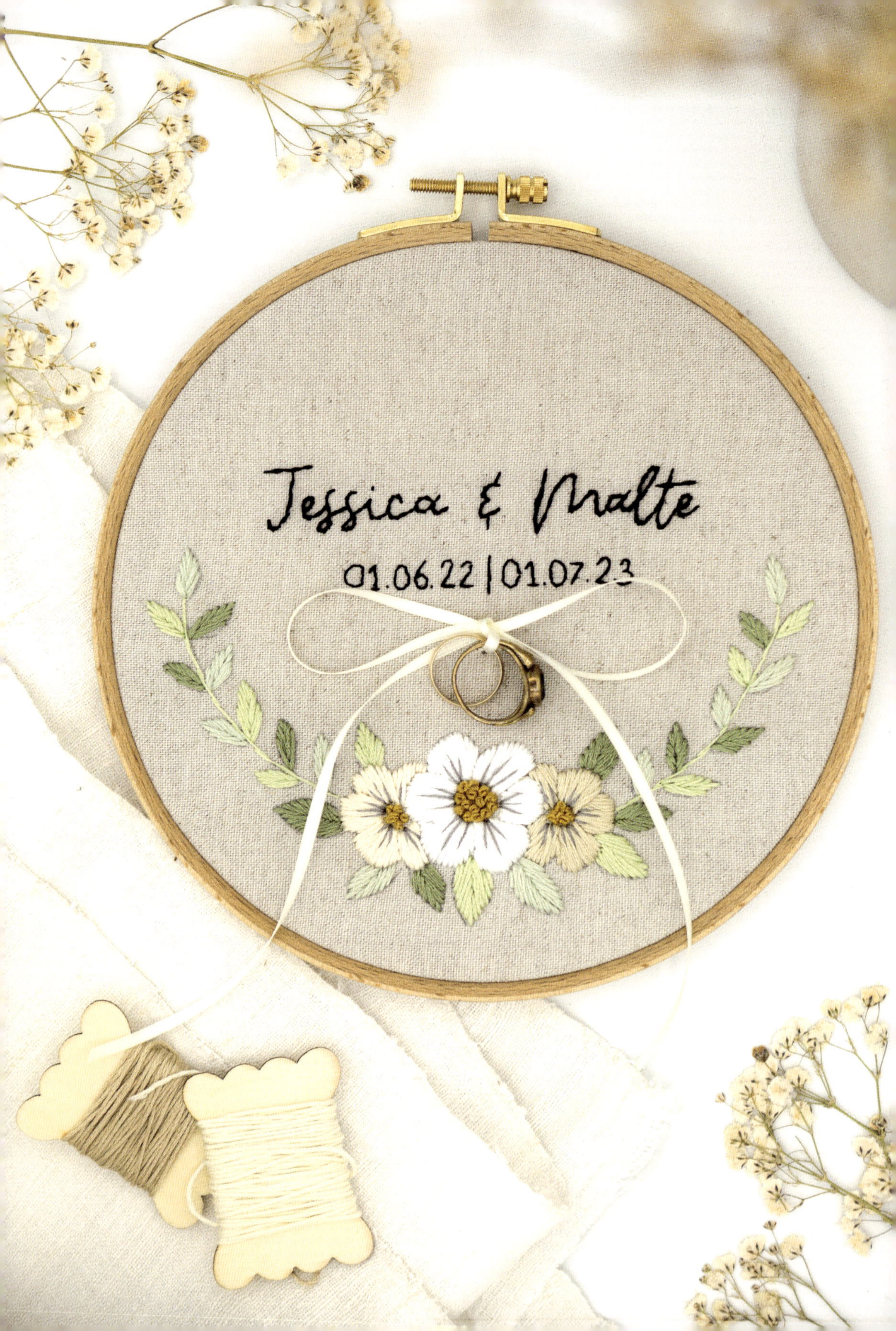
Jessica & Malte
01.06.22 | 01.07.23

RINGKISSEN

In deinem Umfeld heiratet jemand und du suchst nach einem besonderen Geschenk? Dann sticke doch einfach ein Ringkissen! Dieses kann das Brautpaar an seinem großen Tag für die Eheringe nutzen. Nach der Hochzeit kann man das Bändchen einfach herausziehen und das Bild als Erinnerung an die Wand hängen.

Schwierigkeitsgrad
MITTEL

Du brauchst:

- Leinen- oder Baumwollstoff, ca. 30 x 30 cm
- Stickgarn von Anchor in den Farben Hochweiß (1), Flanellgrau (235), Curry (907), Haut hell (1009), Pistaziengrün (260), Pastellgrün (213), Estragongrün (859) und Schwarz (403) oder andere beliebige Farben
- spitze Sticknadel
- Stickrahmen (ca. 18–20 cm ø)
- hitzeempfindlichen oder wasserlöslichen Stift
- selbstklebendes, wasserlösliches Stickvlies
- Schere
- Heißklebepistole oder Textilkleber
- Bändchen für die Ringe
- Filz oder Karton, in der Größe des Stickrahmens zugeschnitten
- Stickvorlage (Seite 87)

Verwendete Stickstiche

- Plattstich (6-fädig)
- Geradstich (2-fädig)
- Knötchenstich (6-fädig)
- Stielstich (2-fädig)
- Grätenstich (6-fädig)
- Rückstich (2-fädig)

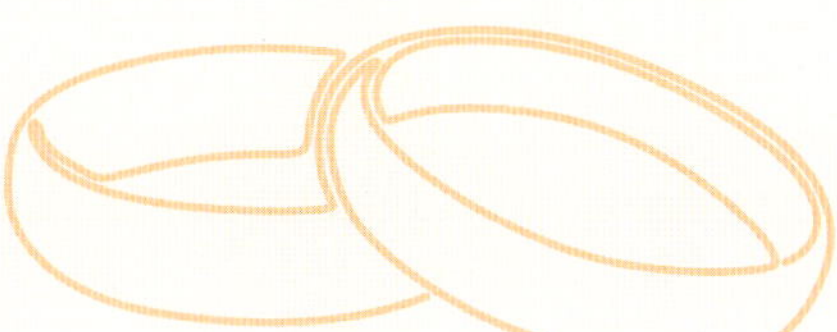

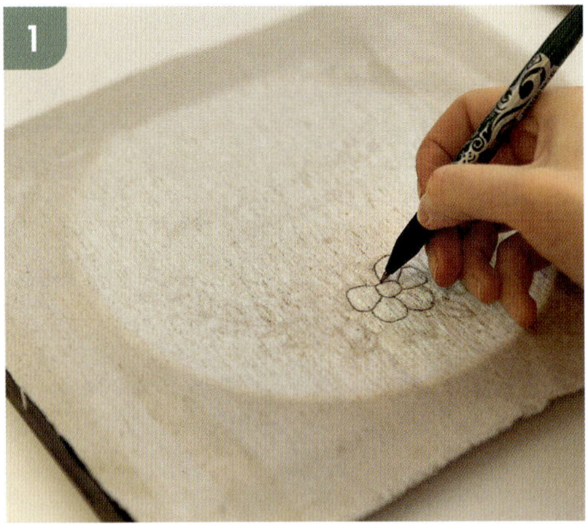

Als Erstes das Blumenmotiv mit dem Stift auf den Stoff übertragen.

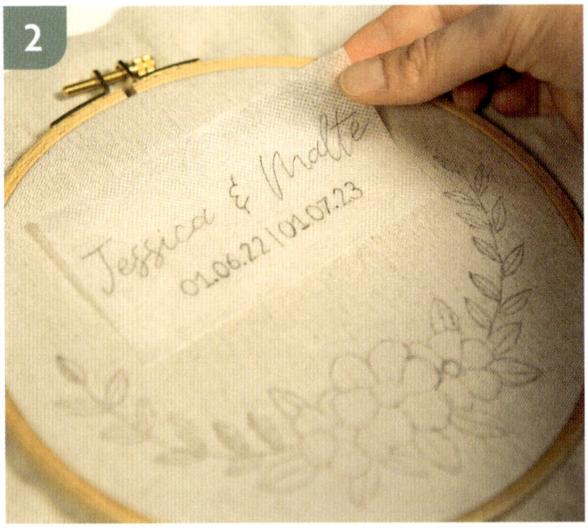

Mithilfe eines Computerprogramms (oder von Hand) eine Vorlage mit den Namen des Brautpaars und dem Hochzeitsdatum erstellen. Diese entweder direkt vom Bildschirm auf den Stoff oder auf ein Stickvlies übertragen. Das Vlies anschließend auf dem Stoff ausrichten und aufkleben.

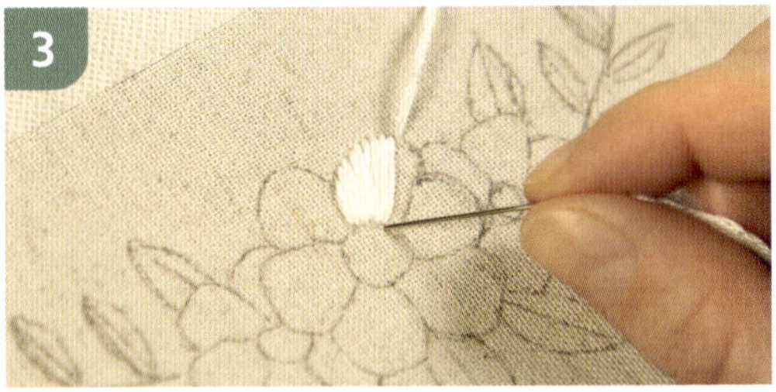

Als Erstes die mittlere Blume sticken und die Blütenblätter in Hochweiß mit dem Plattstich arbeiten.

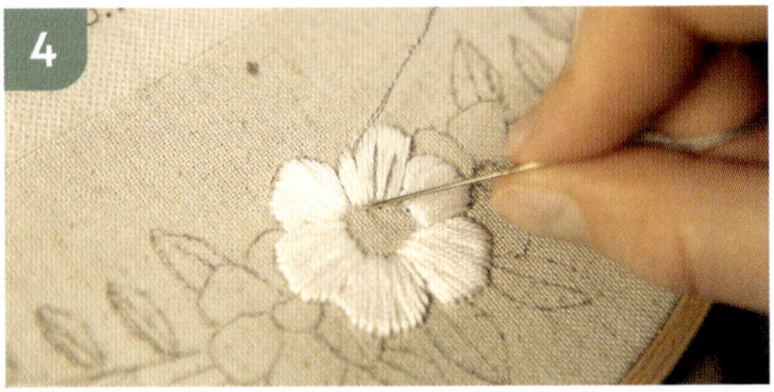

Mit kleineren Geradstichen in Flanellgrau Akzente in die Blütenblätter setzen.

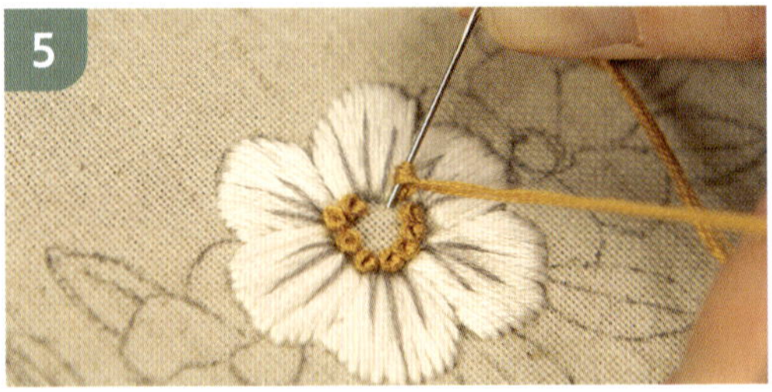

Die Blütenmitte mit Knötchenstichen in Curry füllen, dabei von außen nach innen arbeiten. Die anderen Blumen auf dieselbe Weise arbeiten, jedoch für die Blütenblätter die Farbe Haut hell verwenden.

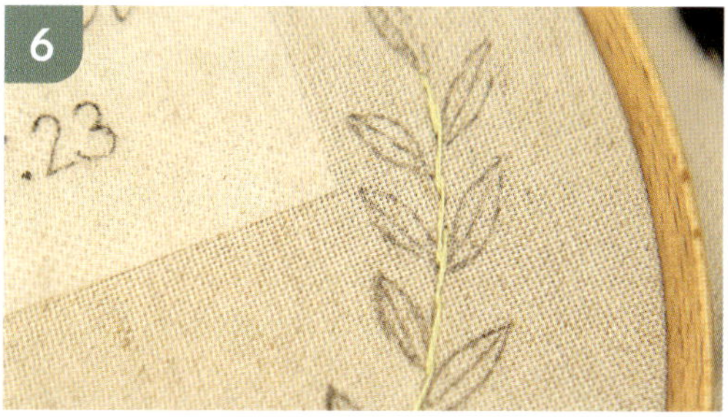

Den Stiel der Pflanzen in Pistaziengrün mit dem Stielstich sticken.

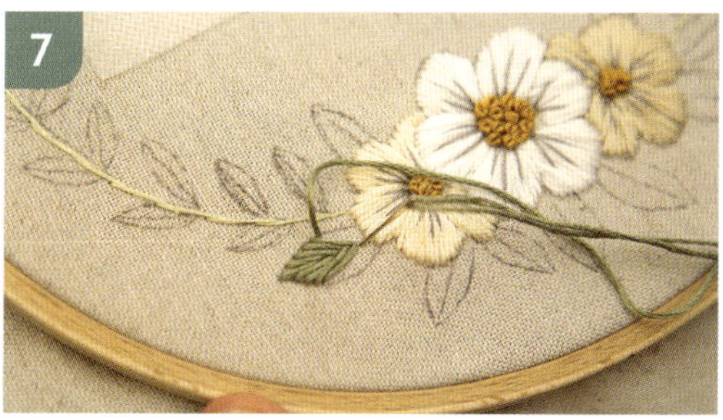

Anschließend die Blätter in den Farben Pistaziengrün, Pastellgrün und Estragongrün mit dem Grätenstich sticken.

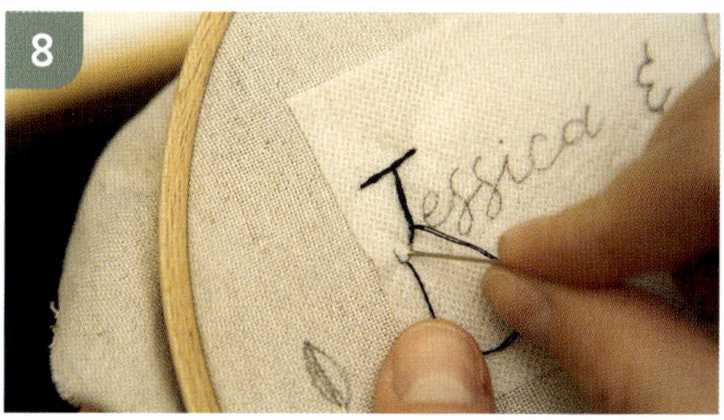

Nun in Schwarz die Namen mit dem Stielstich sticken. Dabei für ein sauberes Ergebnis die Stichlänge in den Rundungen verkleinern.

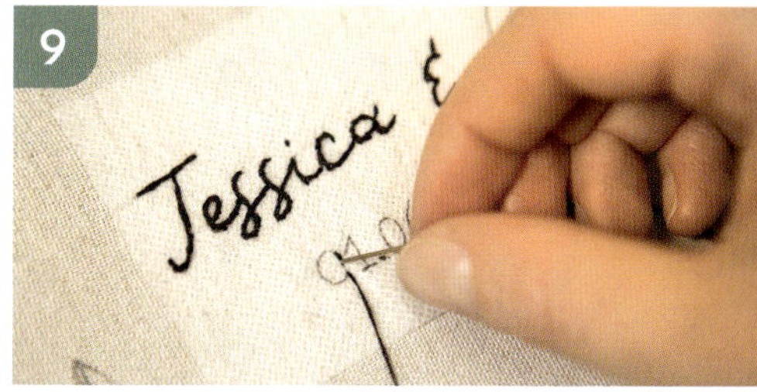

Das Datum mit derselben Farbe mit dem Rückstich arbeiten. Auch hier in den Rundungen die Stichlänge verkleinern.

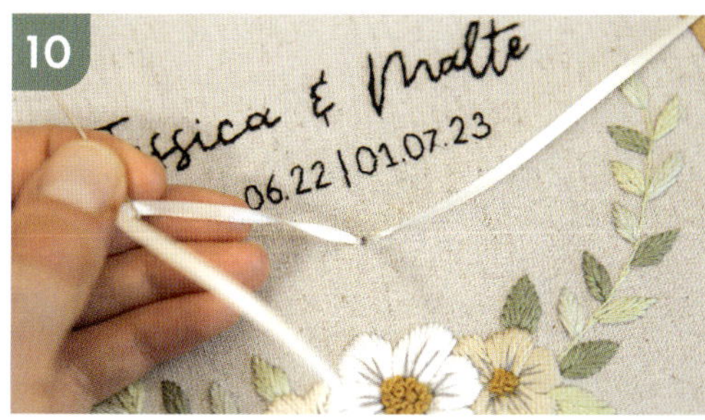

Zum Schluss den Stoff aus dem Rahmen nehmen, das Stickvlies auswaschen und den Stoff trocknen lassen. Anschließend wieder in den Rahmen spannen, das Bändchen einziehen, zu einer Schleife binden und die Ringe daran befestigen.

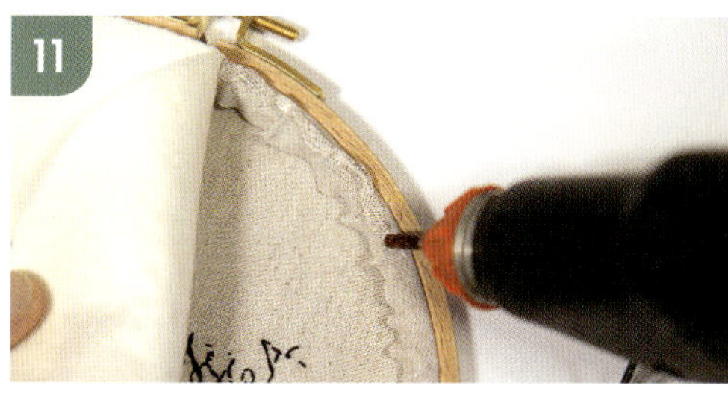

Zuletzt die Rückseite verschließen (siehe Seite 12).

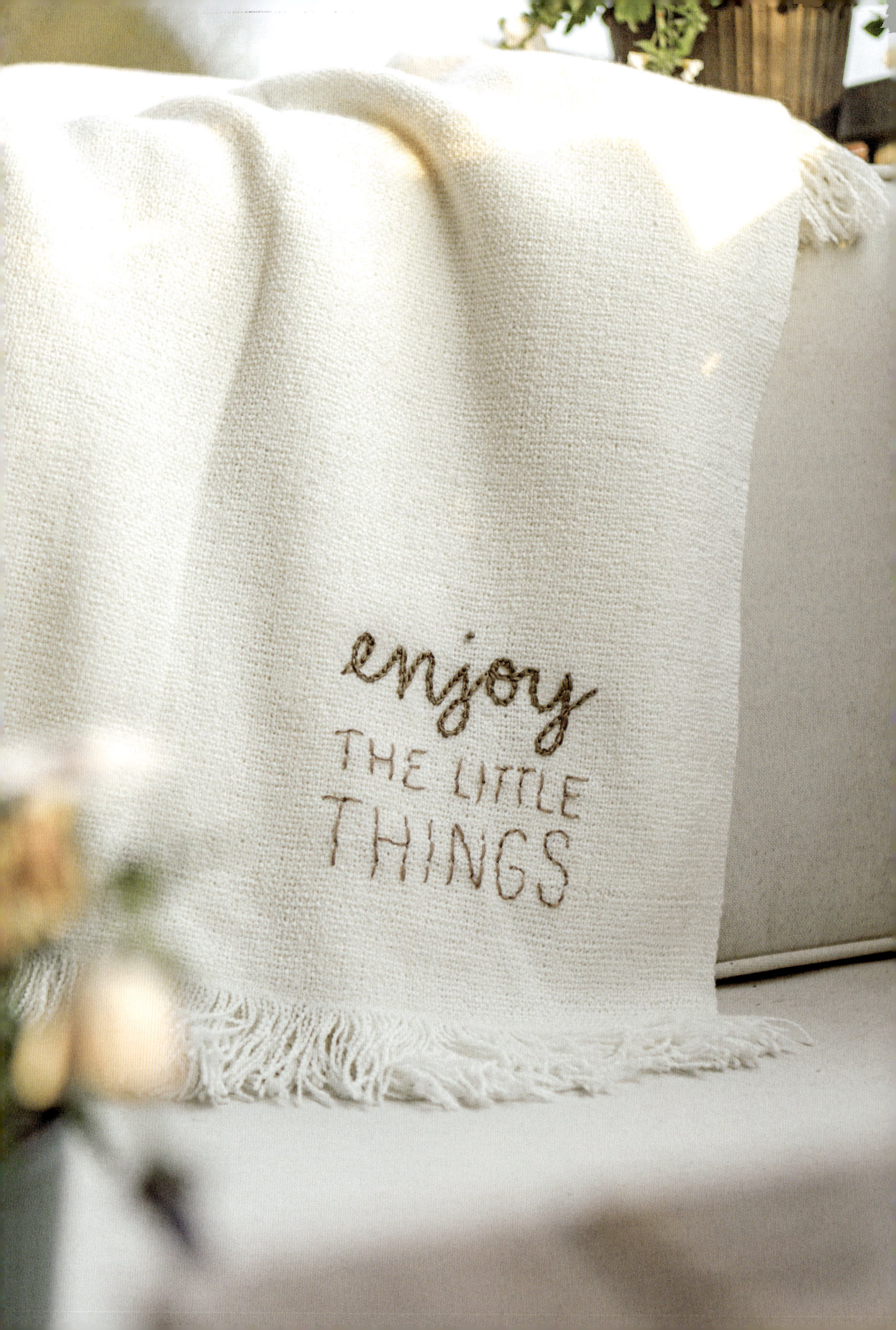
enjoy
THE LITTLE
THINGS

DECKE

Schön zum Geburtstag, zu Weihnachten, zum Einzug oder „einfach so“: eine bestickte Decke! Perfekt für alle, die es sich in der kühleren Jahreszeit gerne auf dem Sofa gemütlich machen.

Schwierigkeitsgrad
MITTEL

Du brauchst:

- dünne Fleecedecke
- Stickgarn nach Wahl
- Stickgarn von Anchor in den Farben Graubraun (832) und Make-up beige (1082) oder andere beliebige Farben
- stumpfe Sticknadel
- hitzeempfindlichen oder wasserlöslichen Stift
- selbstklebendes, wasserlösliches Stickvlies (optional)
- Schere
- Stickvorlage (Seite 88)

Verwendete Stickstiche

- Kettenstich (6-fädig)
- Knötchenstich (6-fädig)
- Rückstich (6-fädig)

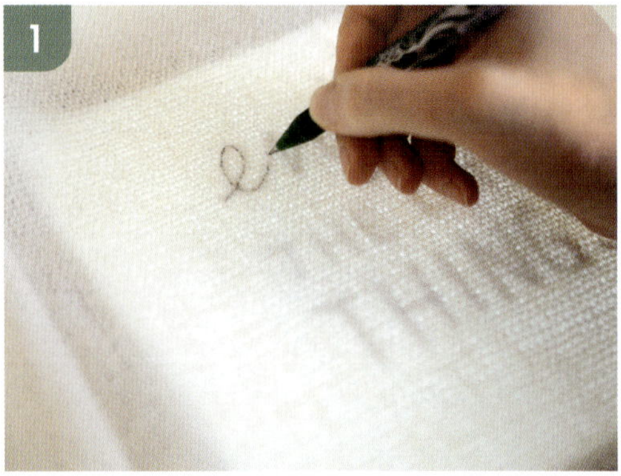

Die Vorlage mit dem Stift oder mithilfe von Stickvlies (falls der Stoff zu dick ist) auf die Decke übertragen.

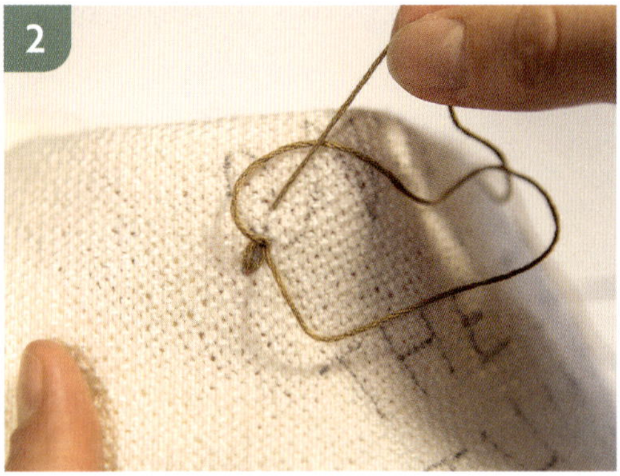

In Graubraun das Wort „enjoy“ mit dem Kettenstich sticken. Dafür von links nach rechts arbeiten und dem Schriftverlauf folgen. Eventuell den Stich zwischendurch neu ansetzen.

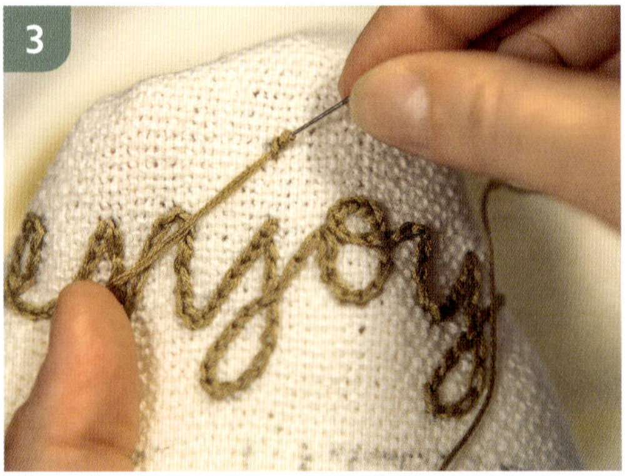

Den Punkt über dem „j“ mit einem Knötchenstich arbeiten.

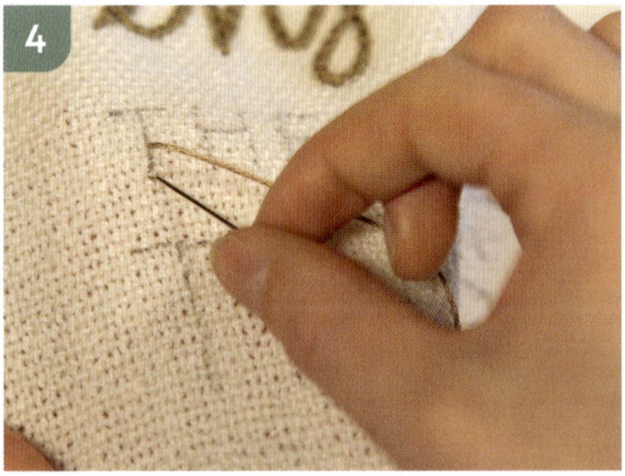

Dann die anderen Wörter in der Farbe Make-up beige mit dem Rückstich sticken.

5

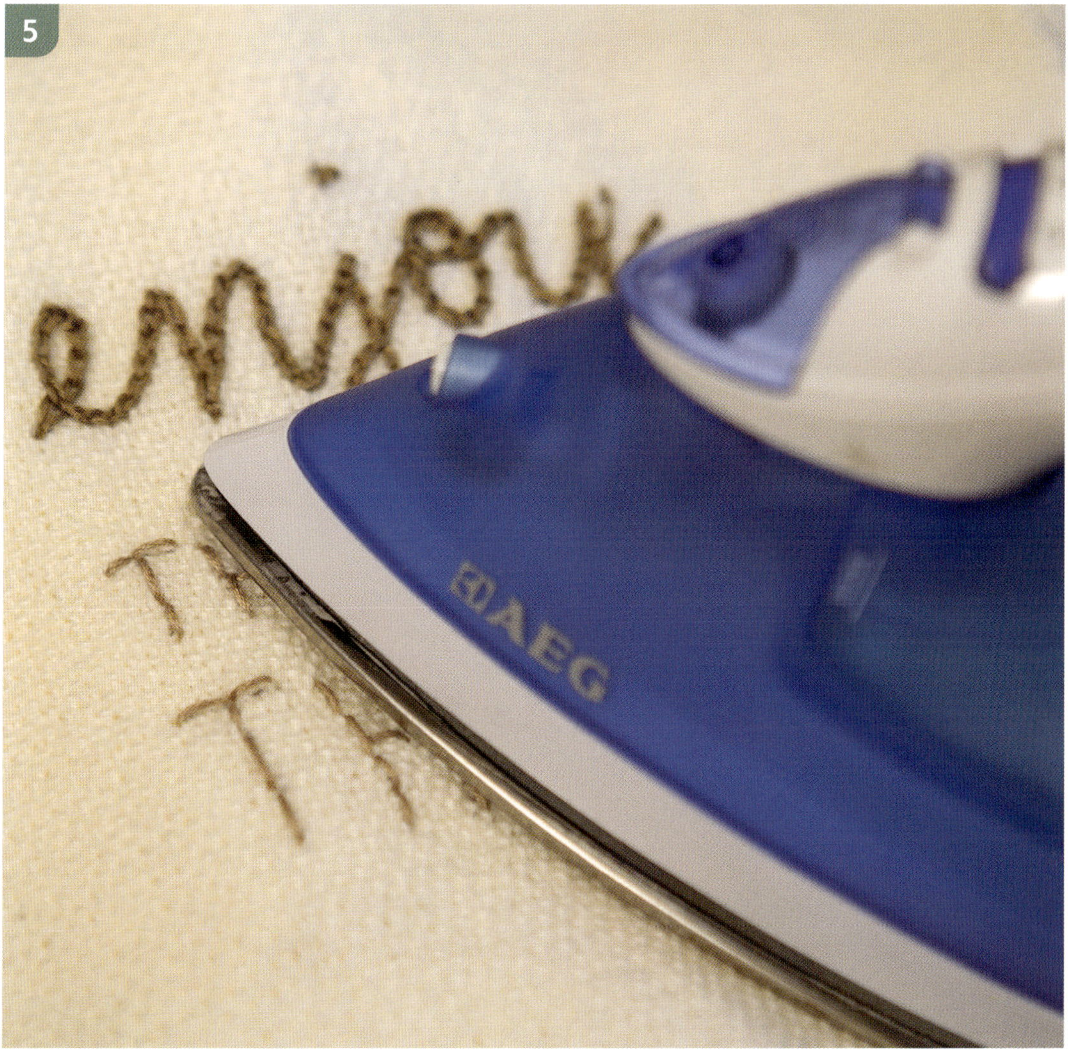

Gegebenenfalls noch sichtbare Vorzeichnungen des Stifts jetzt vorsichtig ausbügeln oder auswaschen.

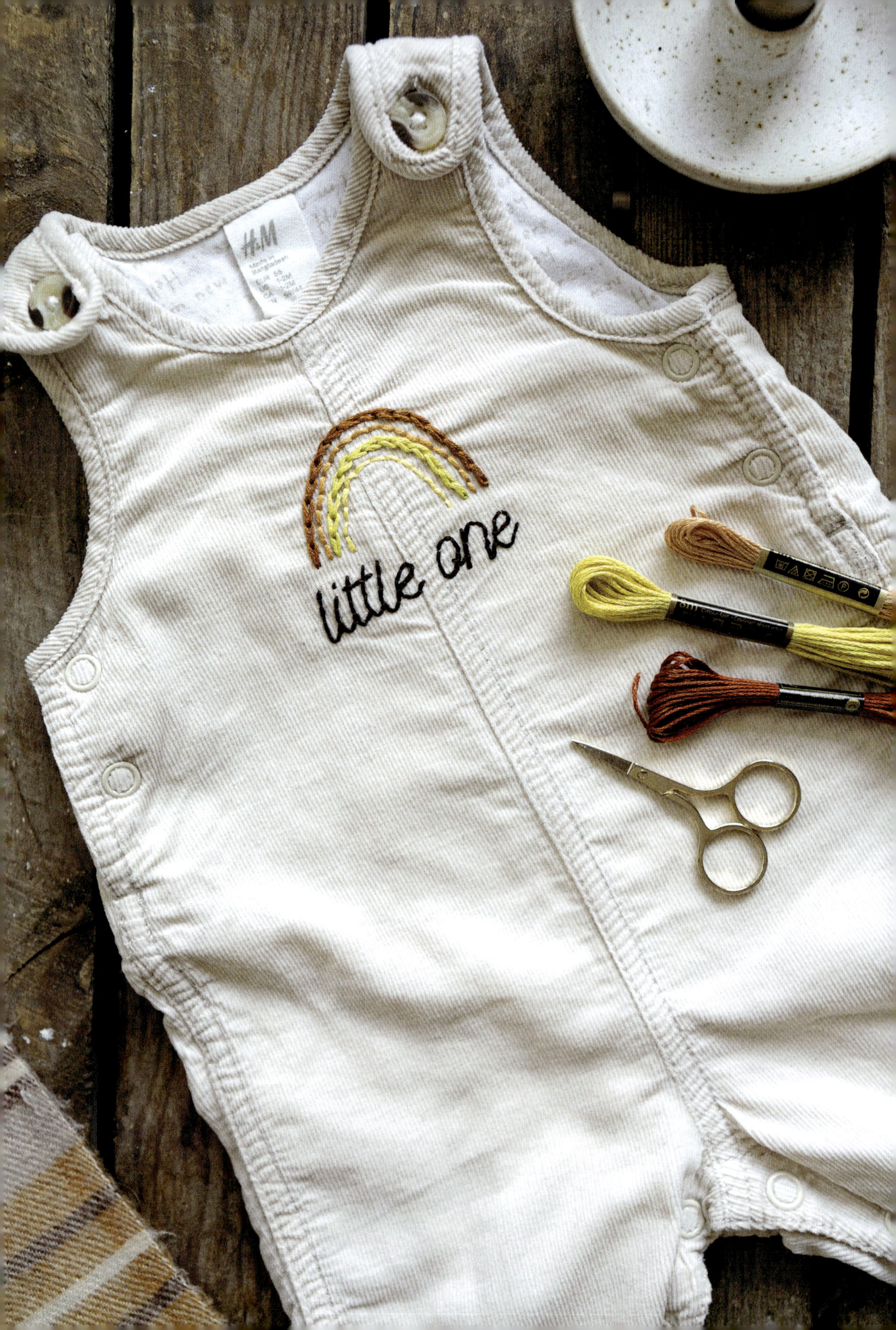
little one

BABYHOSE

Geburt, Taufe oder Babygeburtstag – eine bestickte Hose ist ein wunderschönes und persönliches Geschenk. Noch individueller wird sie, wenn du anstelle der Vorlage den Namen des beschenkten Kindes aufstickst. Kleiner Tipp: Besonders nachhaltig ist es, wenn du die Hose secondhand kaufst.

Schwierigkeitsgrad
MITTEL

Du brauchst:

- Babyhose (oder anderes Kleidungsstück, am besten aus einem nicht elastischen Stoff, z. B. Leinen, Baumwolle, Cord)
- Stickgarn von Anchor in den Farben Goldbraun (309), Karamellbraun (368), Gelbgrün (279), Flachs (942) und Kaffeebraun (360) oder andere beliebige Farben
- spitze Sticknadel
- Stickrahmen (10–12 cm ø)
- selbstklebendes, wasserlösliches Stickvlies
- Schere
- Stickvorlage (Seite 91)

Verwendete Stickstiche

- Kettenstich (6-fädig)
- Rückstich (6-fädig)

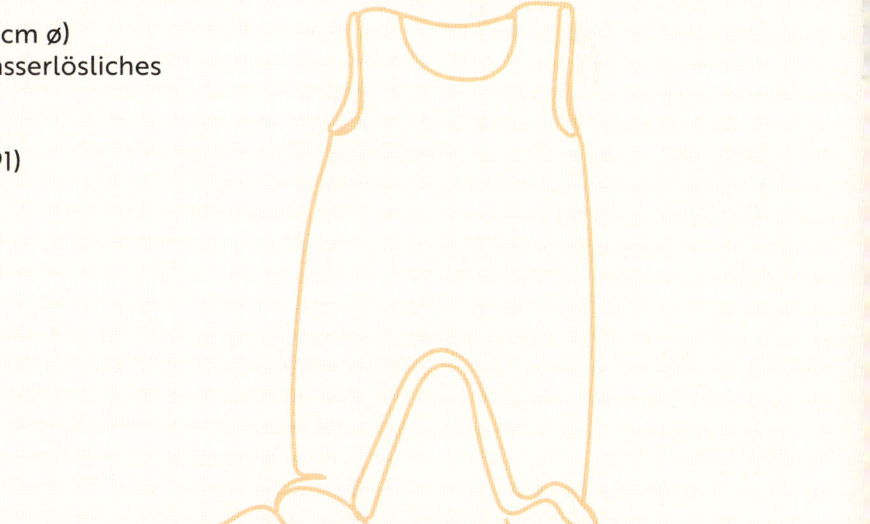

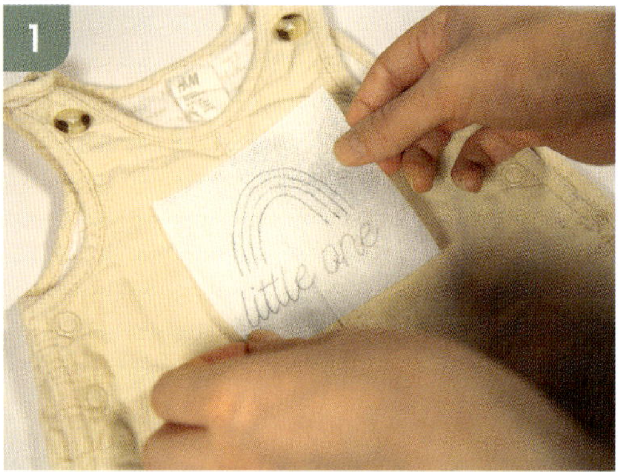

Die Vorlage auf ein selbstklebendes, wasserlösliches Stickvlies übertragen und auf das Kleidungsstück kleben.

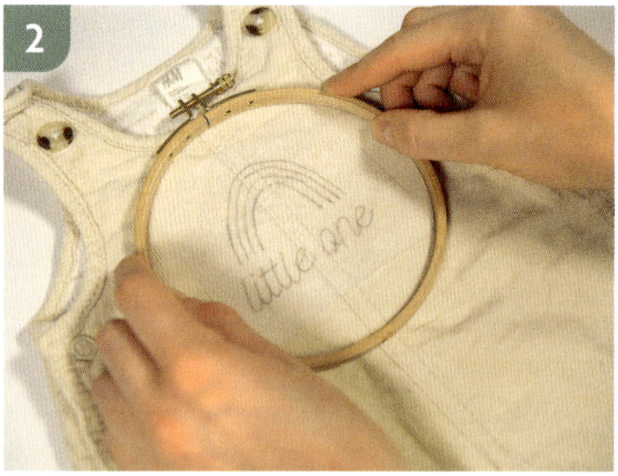

Den inneren Ring des Stickrahmens in den Body schieben und unter dem Motiv ausrichten. Den äußeren Ring auf der rechten Stoffseite darüberstülpen. Den Stoff gleichmäßig spannen und die Schraube festziehen.

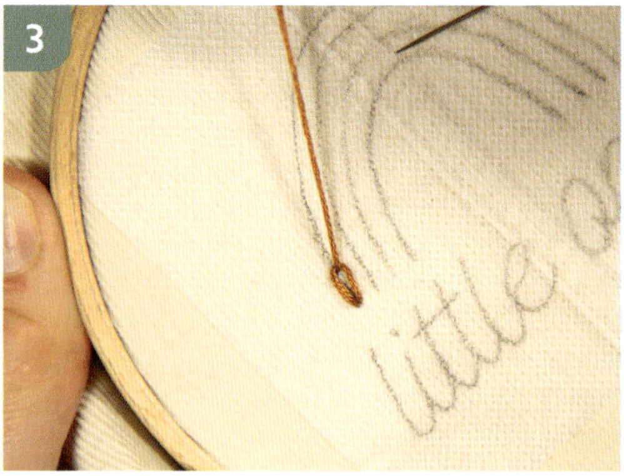

Den oberen Bogen mit dem Kettenstich in Goldbraun sticken.

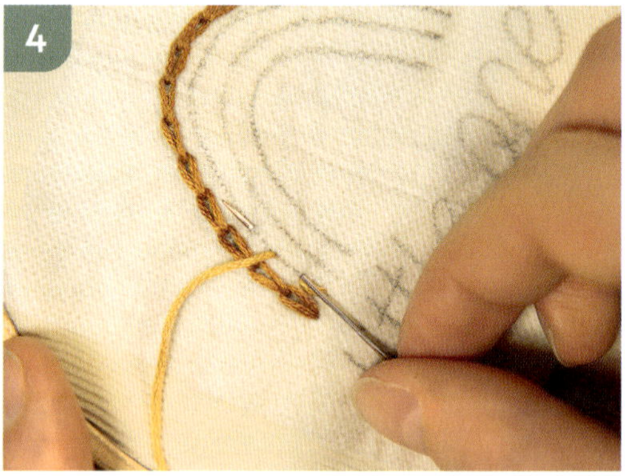

Den nächsten Bogen in Karamellbraun mit dem Rückstich sticken.

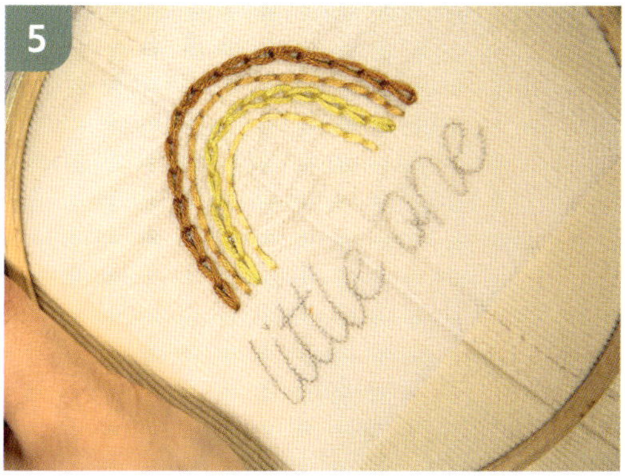

Den dritten Bogen in Gelbgrün wieder mit dem Kettenstich und den vierten mit dem Rückstich in Flachs arbeiten.

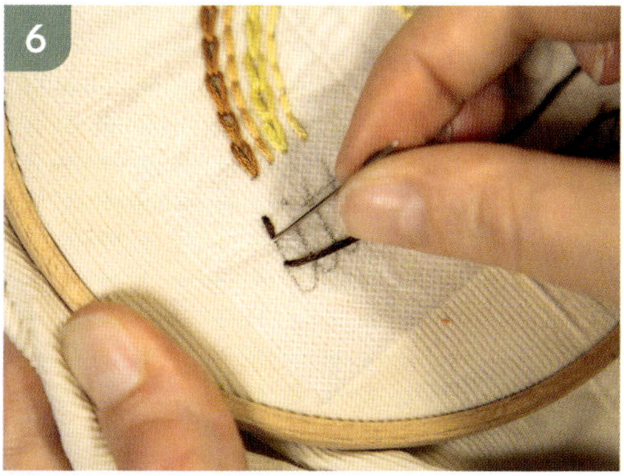

Danach die Schrift mit dem Rückstich in Kaffeebraun sticken. Dabei in engen Rundungen die Stichlänge verkürzen.

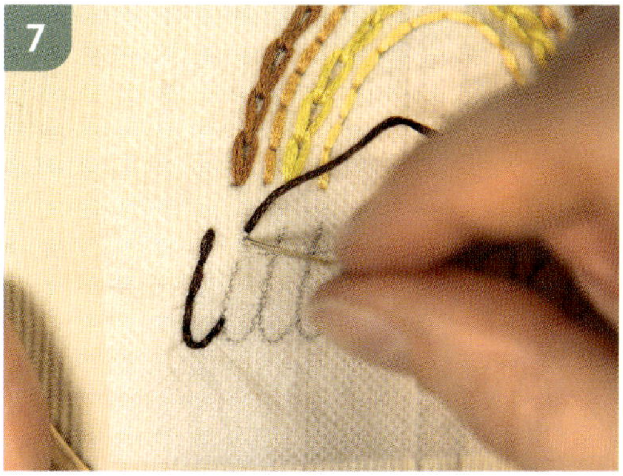

Für den i-Punkt einen kleinen Rückstich ausführen.

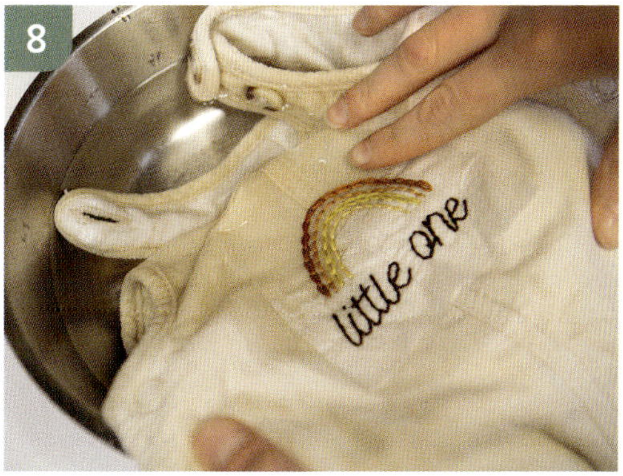

Abschließend das Stickvlies auswaschen und die Hose trocknen lassen.

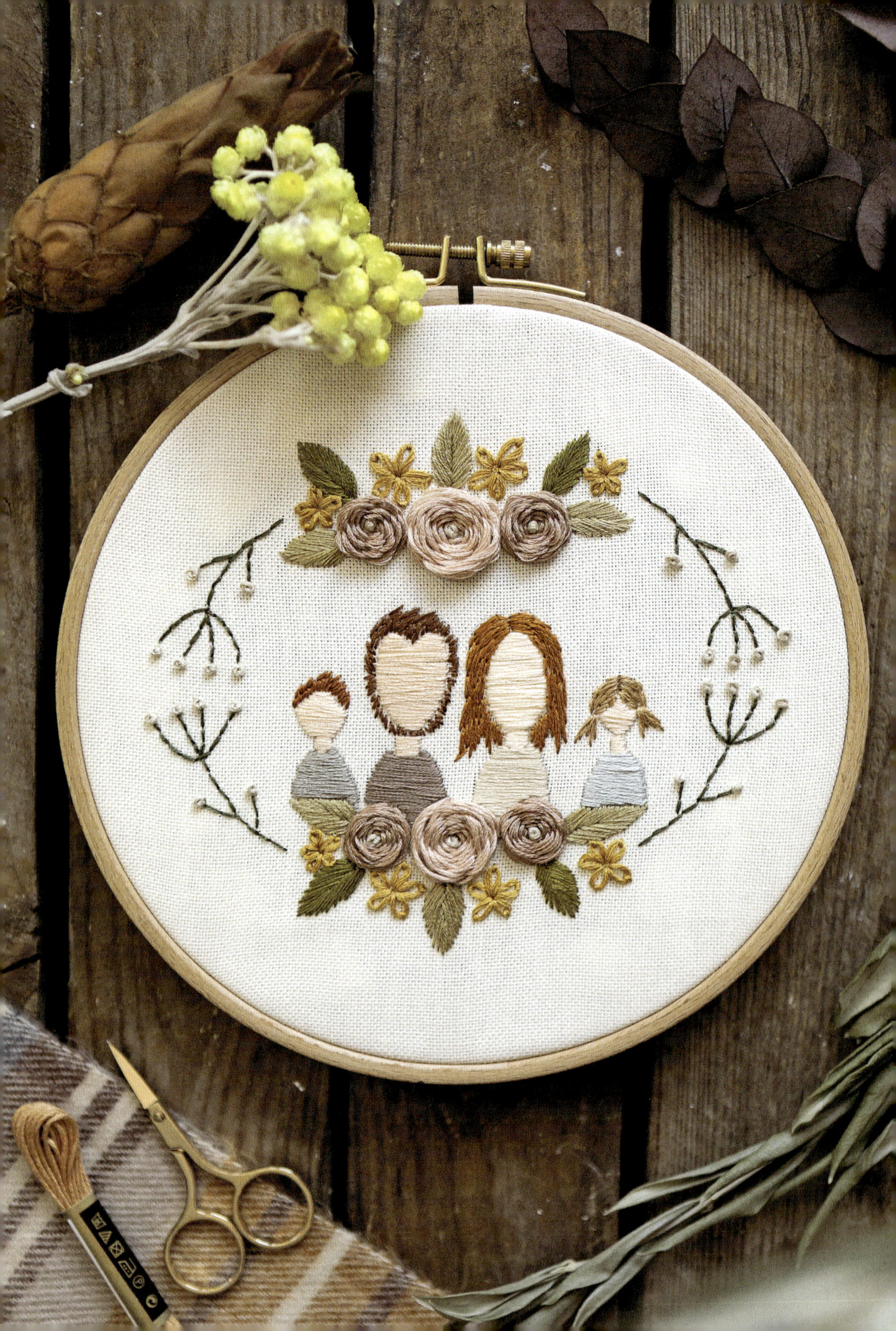

FAMILIENPORTRÄT

Das ganz besondere Porträt: deine Familie als Stickbild verewigt. Natürlich kannst du auch deinen Freundeskreis aufsticken! Diese Geschenkidee ist nicht nur superpersönlich, sondern auch eine gute Option, wenn es von der Familie oder Freundesgruppe (noch) kein gemeinsames Foto gibt.

Schwierigkeitsgrad
MITTEL

Du brauchst:

- nicht elastischen Leinen- oder Baumwollstoff, ca. 30 x 30 cm
- Stickgarn von Anchor in den Farben Haut mittel (1010), Haut (881), Goldbraun (309), Tabakbraun (358), Rehbraun (355), Honigbraun (373), Kies (830), Aquarellblau (848), Ombra (393), Ecru mittel (391), Taupe (376), Kakaobraun hell (378), Bronzegrün (854), Olivgrün (281), Curry (907) und Altgrün (861) oder andere beliebige Farben
- spitze Sticknadel
- Stickrahmen (18–20 cm ø)
- hitzeempfindlichen oder wasserlöslichen Stift
- Schere
- Stickvorlagen (Seite 89)

Verwendete Stickstiche

- Plattstich (3-fädig)
- Knötchenstich (6-fädig)
- Webrosenstich (6-fädig)
- Grätenstich (3-fädig)
- Margeritenstich (6-fädig)
- Rückstich (3-fädig)

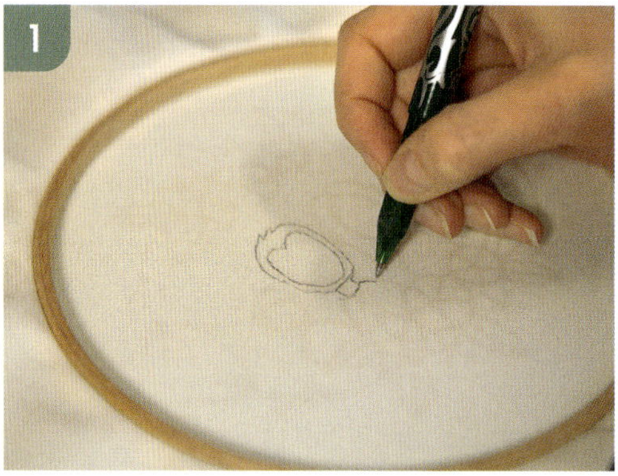

Die Vorlage mit dem Stift auf den Stoff übertragen und dabei die Merkmale der Figuren an die zu stickende Familie anpassen, z. B. Personenanzahl, Größe, Haarlänge, Kopfform etc. Eventuell diese zuerst auf Papier vorzeichnen.

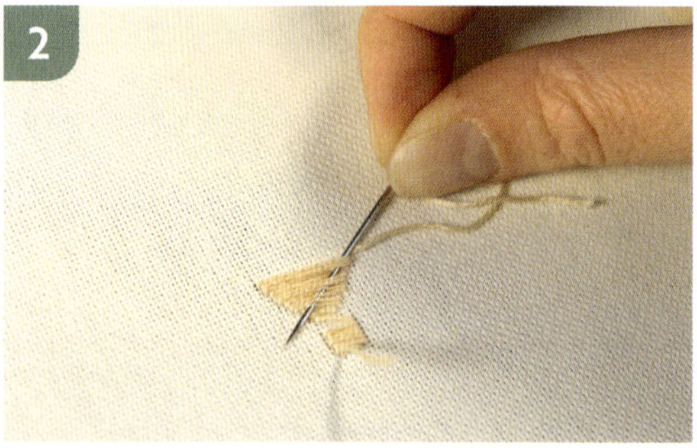

Zunächst die Figuren sticken und dabei stets zuerst das Gesicht, dann die Haare und zuletzt die Kleidung arbeiten. Gesicht und Hals im Plattstich sticken, für die Frau in der Farbe Haut mittel, für den Mann und die Kinder in der Farbe Haut.

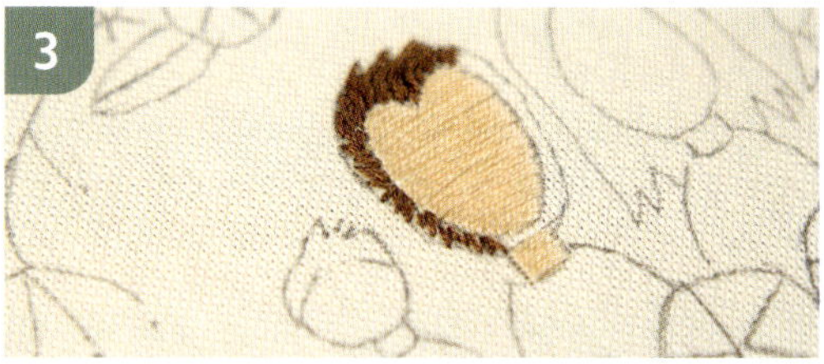

Die Haare nach Belieben im Versetzten Plattstich, Rückstich, Stielstich oder auch einer Mischung aus allen arbeiten. Die Haare der Frau in Goldbraun, des Mannes in Tabakbraun (ebenso seinen Bart), des Jungen in Rehbraun und des Mädchens in Honigbraun sticken.

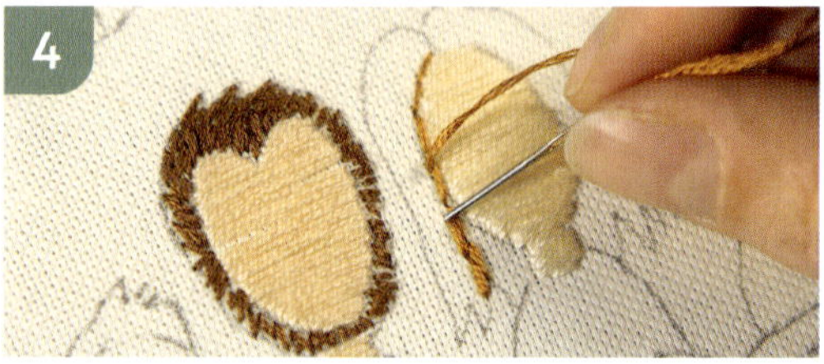

Die Kleidung jeweils mit dem Plattstich arbeiten, für die Frau in Kies, den Mann in Ombra, das Mädchen in Aquarellblau und den Jungen in Ombra.

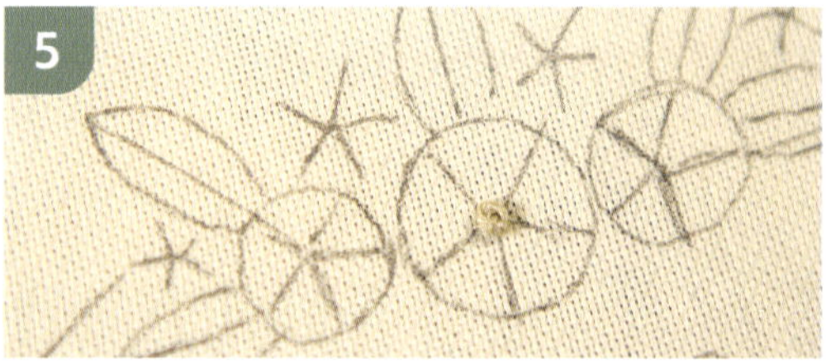

Wenn alle Figuren gestickt sind, mit den Blumen fortfahren. Als Erstes die Blütenmitte der Rosen mit einem Knötchenstich in Ecru mittel sticken.

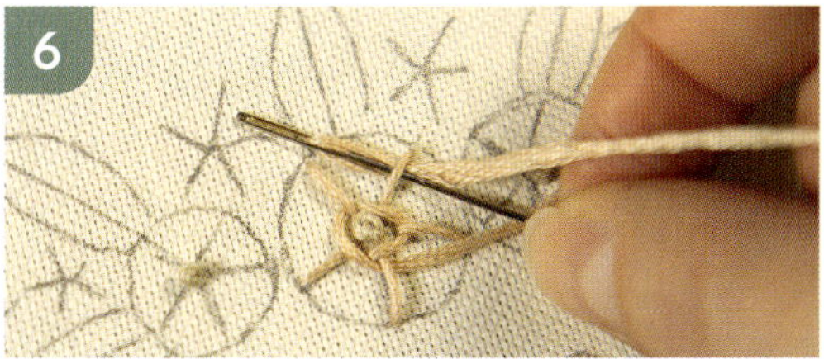

Die Rosen mit dem Webrosenstich arbeiten, die mittlere große Rose in der Farbe Taupe, die kleineren in Kakaobraun hell.

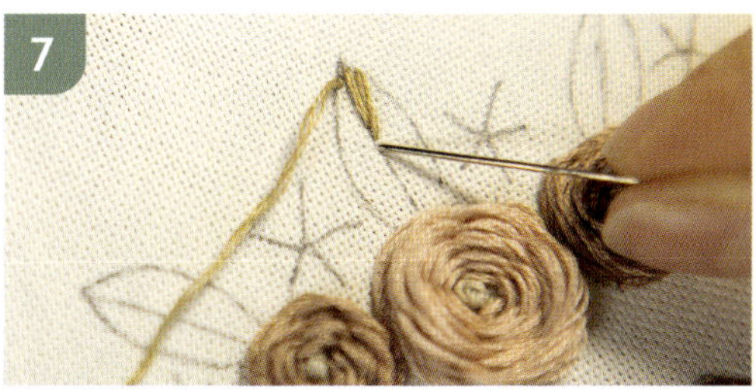

Anschließend die Blätter mit dem Grätenstich sticken, die hellen Blätter in Bronzegrün und die dunklen in Olivgrün.

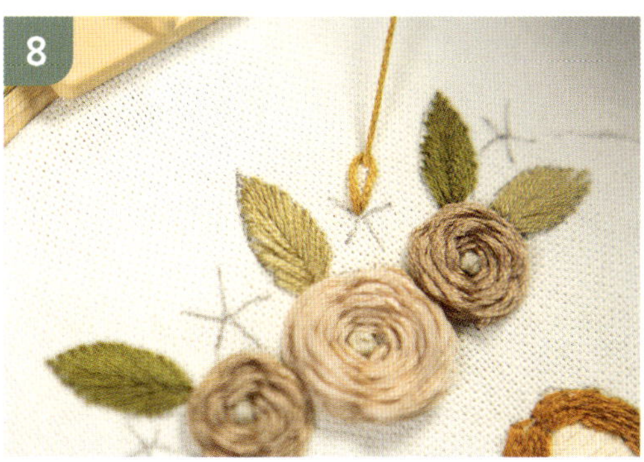

Die kleinen Blüten zwischen den Blättern in Curry mit dem Margeritenstich sticken.

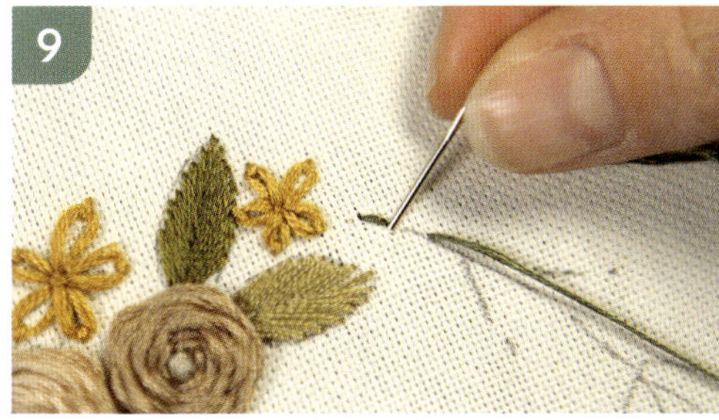

Die Zweige in Altgrün mit dem Rückstich sticken.

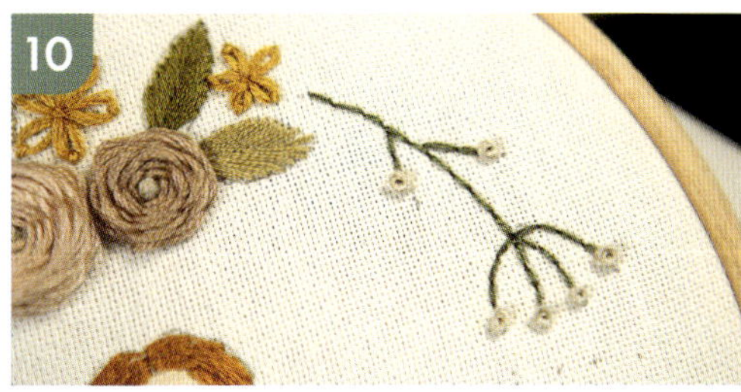

Die kleinen Knospen an den Enden der Zweige mit dem Knötchenstich in Ecru mittel sticken.

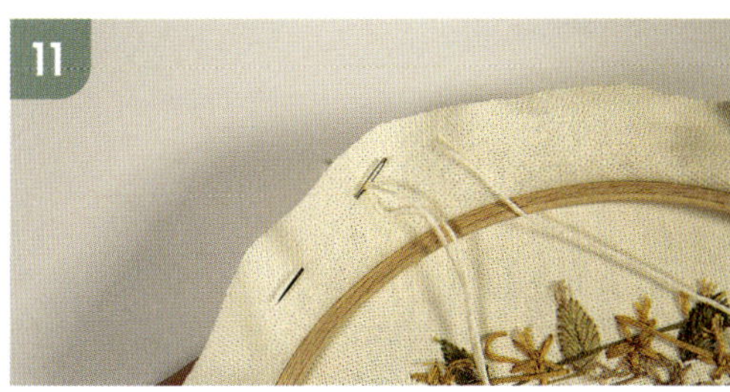

Zuletzt die Rückseite verschließen (siehe Seite 12).

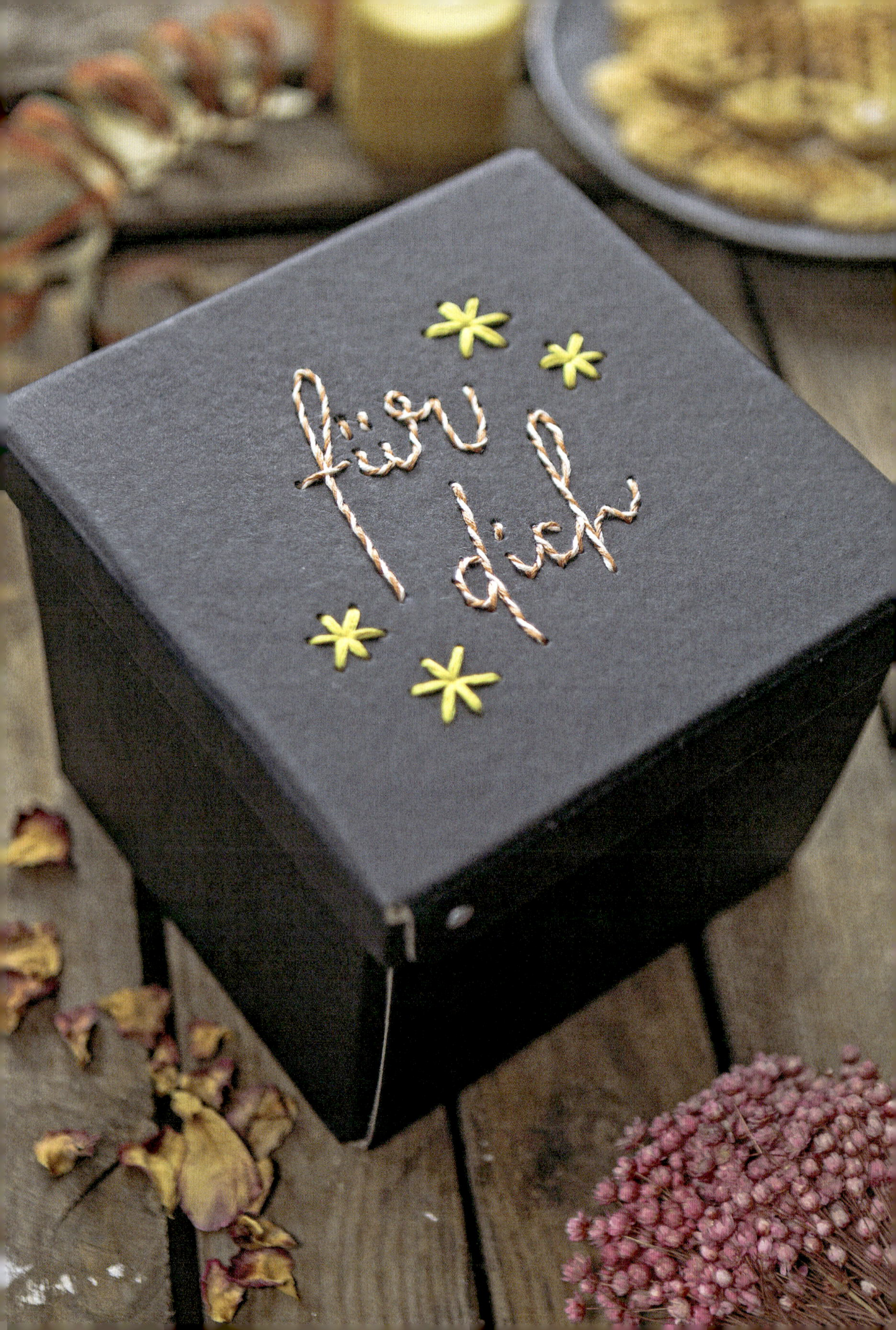
für
dich

GESCHENKSCHACHTEL

Eine kreative Möglichkeit für eine Geschenkverpackung ist eine bestickte Schachtel. Damit verleihst du deinem Geschenk eine persönliche Note und der oder die Beschenkte kann die Schachtel danach sogar weiterverwenden. Viel schöner als Geschenkpapier, oder?

Schwierigkeitsgrad
MITTEL

Du brauchst:

- Pappschachtel, Größe ca. 17 x 17 cm
- Stickgarn von Anchor in den Farben Terracotta (337), Rose hell (1011) und Gelbgrün (279) oder andere beliebige Farben
- stumpfe Sticknadel
- Bleistift
- Kugelschreiber
- Papier
- Schere
- Ahle oder Nagel und Hammer
- Stickvorlage (Seite 88)

Verwendete Stickstiche

- Rückstich (6-fädig)
- Geradstich (6-fädig)
- Umwickelter Rückstich (6-fädig)

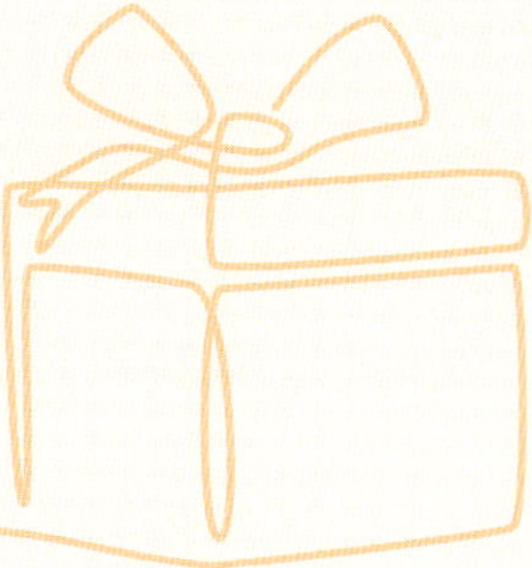

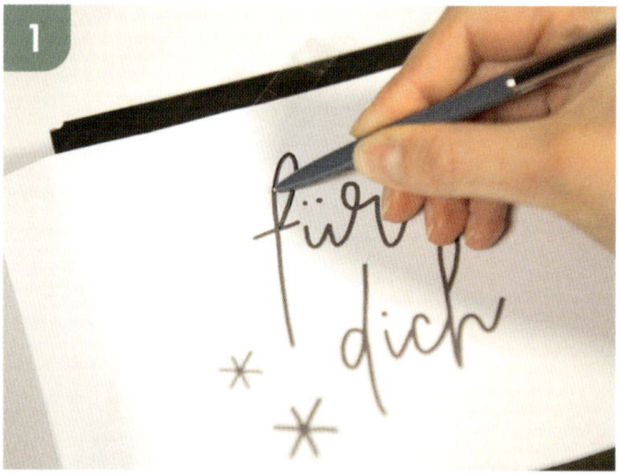

Die Vorlage mit Kugelschreiber auf ein Stück Papier abpausen.

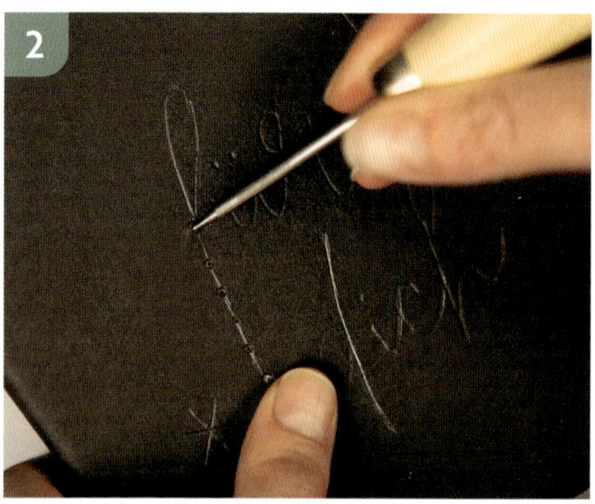

Das Papier auf dem Deckel der Schachtel ausrichten und mit einem Kugelschreiber fest nachzeichnen, sodass sich das Motiv darauf abzeichnet. Mit einer Ahle (oder Nagel und Hammer) Löcher in gleichmäßigen Abständen entlang der Vorlage stechen. Wichtig: Das Ende einer Linie, Eck- und Kreuzungspunkte mit einem Loch markieren. Für i- und ü-Punkte zwei Löcher übereinander stechen.

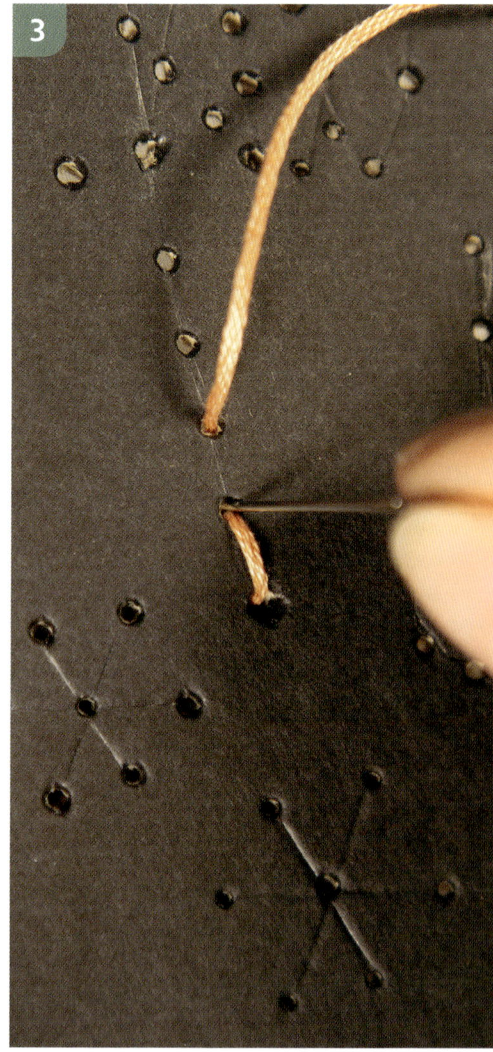

Nun für die Schrift zunächst Rückstiche in der Farbe Terracotta sticken. Diese dann mit Rose hell übersticken und so den umwickelten Rückstich arbeiten. Für die i- und ü-Punkte aus dem oberen Loch ausstechen, einmal unter dem bestehenden Faden durchweben und im unteren Loch wieder einstechen.

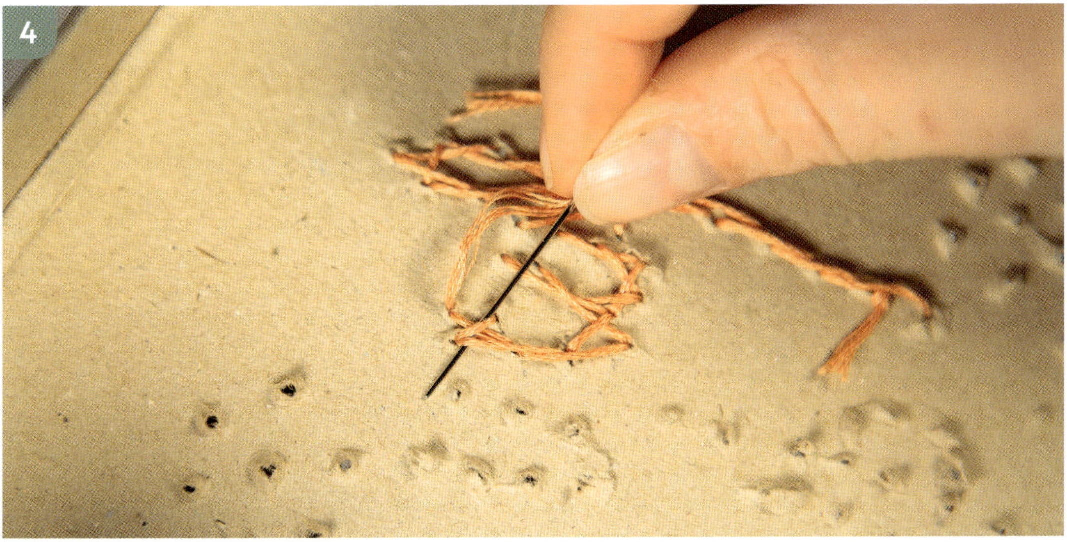

Bei Bedarf an Eckpunkten den Faden auf die Rückseite ziehen und dort vernähen. Dann an neuem Anfangspunkt ausstechen und fortfahren.

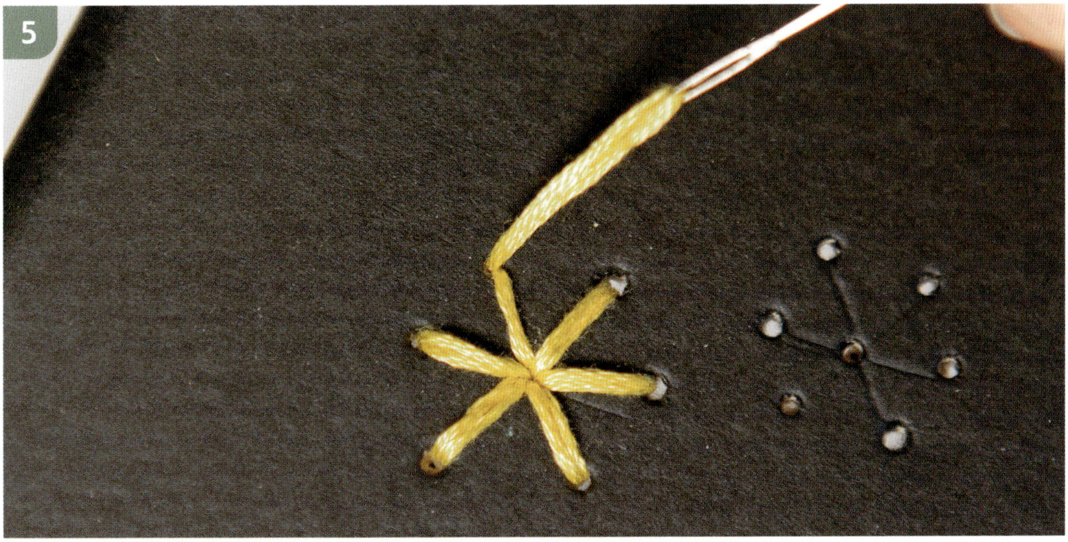

Für die Sterne in Gelbgrün im Geradstich sticken, dabei von außen nach innen arbeiten. Nach Belieben 2- bis 3-mal über die Sterne sticken, so werden sie schön füllig.

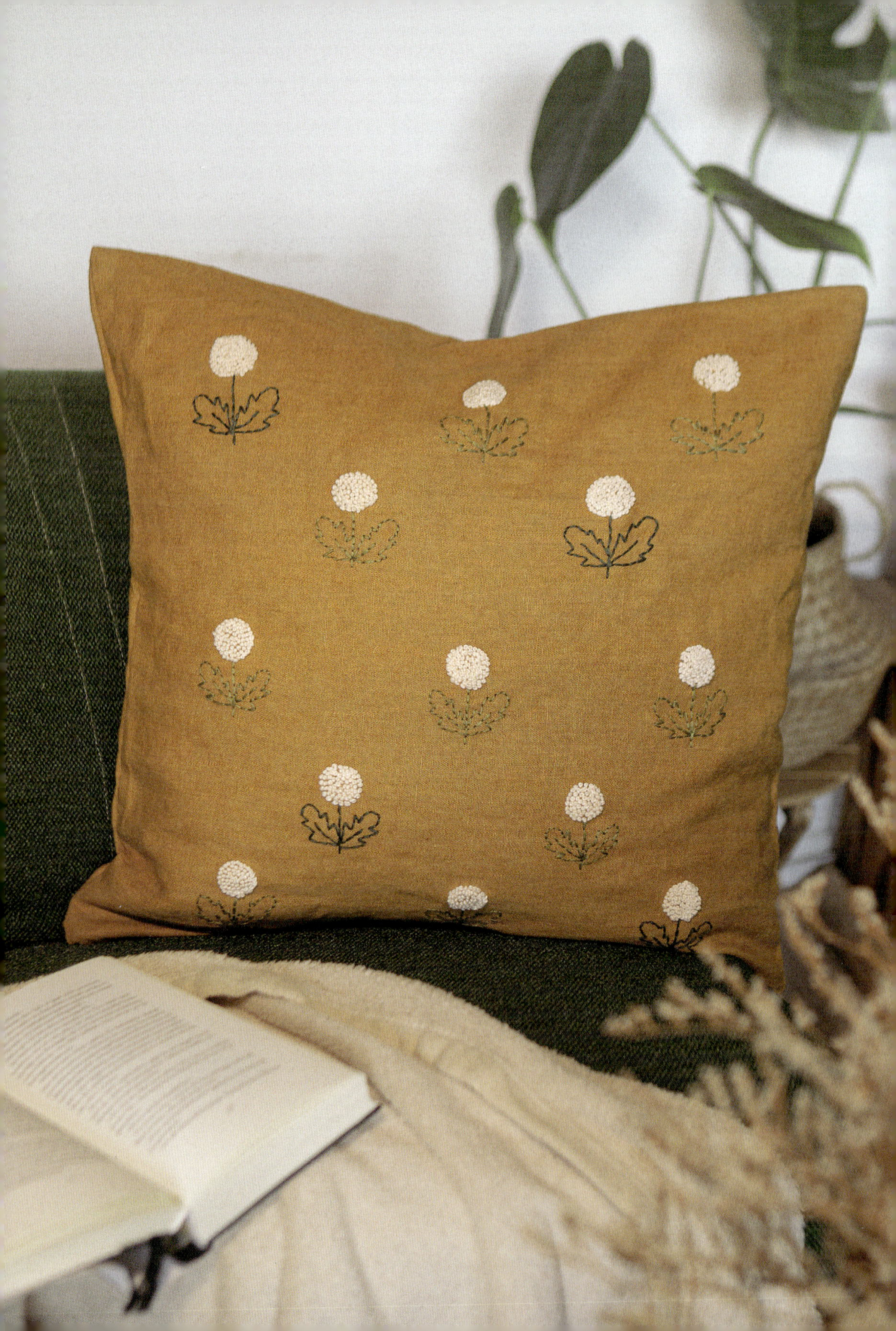

KISSENBEZUG

Ein tolles Deko-Element und ein unvergessliches Geschenk, das von Herzen kommt: ein selbst bestickter Kissenbezug mit zauberhaften Pusteblumen. Du musst kein Profi sein, um dieses Stickmuster umzusetzen, und das Ergebnis wird garantiert jeden Beschenkten begeistern. Also, schnapp dir Nadel und Faden, und los geht's!

Schwierigkeitsgrad
LEICHT BIS MITTEL

Du brauchst:

- Kissenbezug aus Leinen oder Baumwolle
- Stickgarn von Anchor in den Farben Russischgrün (862; 1–2 Stränge) und Rose hell (1011; 4 Stränge) oder andere beliebige Farben
- spitze Sticknadel
- Stickrahmen (10–12 cm ø)
- hitzeempfindlichen oder wasserlöslichen Stift
- selbstklebendes, wasserlösliches Stickvlies (optional)
- Schere
- Stickvorlage (Seite 92)

Verwendete Stickstiche

- Rückstich (6-fädig)
- Knötchenstich (6-fädig)

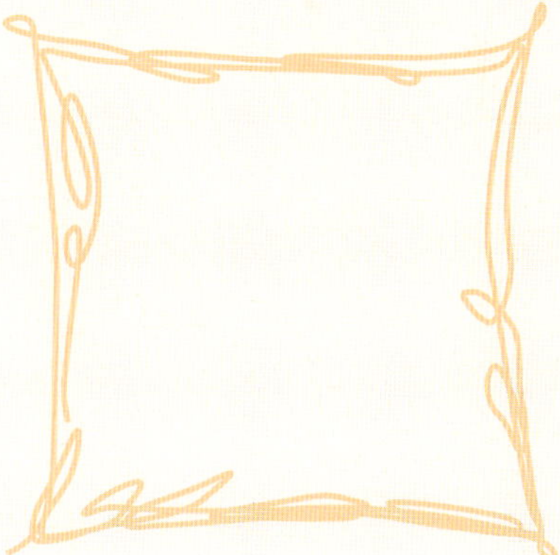

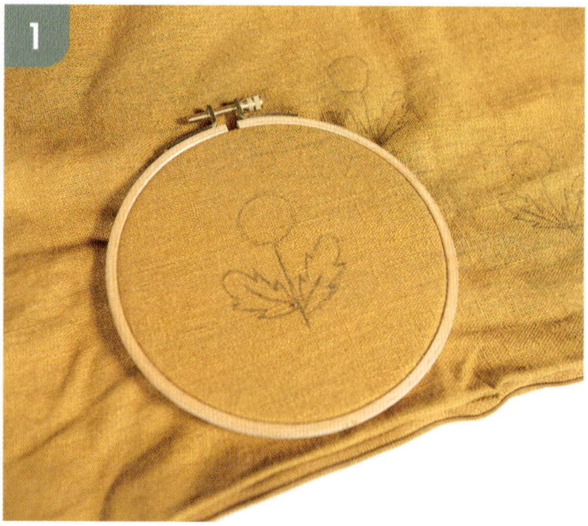

Die Pusteblumen mithilfe von Papier oder Stickvlies auf den Stoff übertragen und diesen rund um eine Blume in den Stickrahmen spannen.

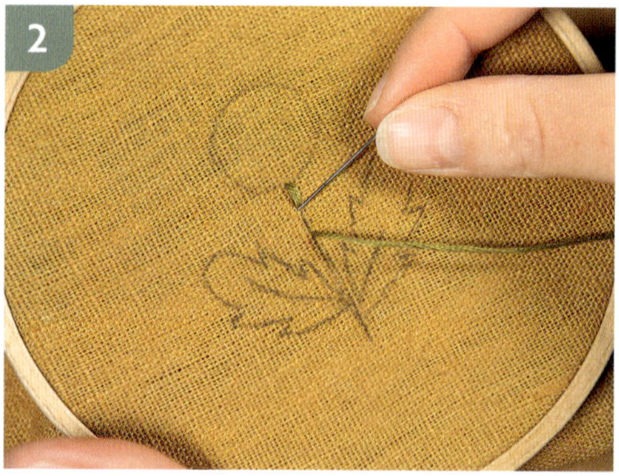

Als Erstes den Stiel in Russischgrün mit dem Rückstich sticken.

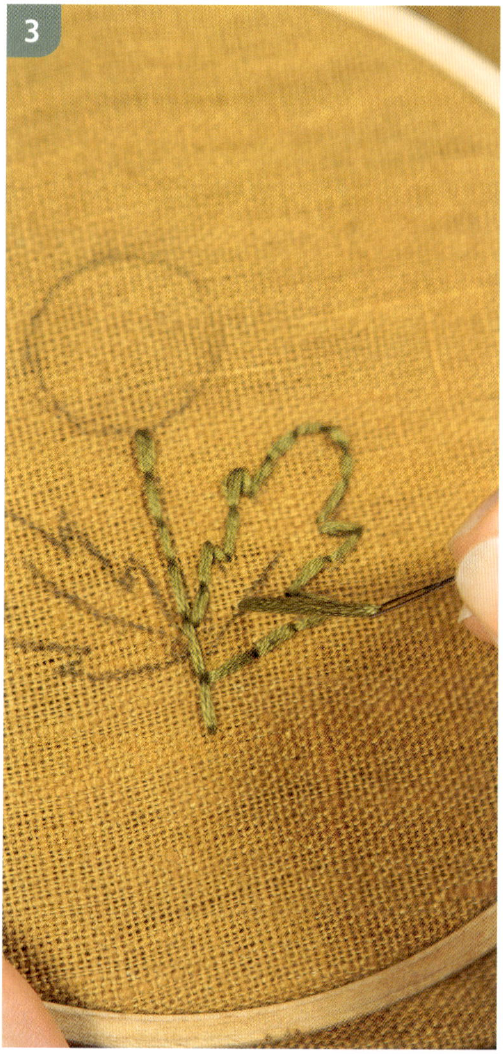

Dann die Blätter in derselben Farbe ebenfalls mit dem Rückstich sticken. Dabei zuerst die Außen-, dann die Mittellinien arbeiten.

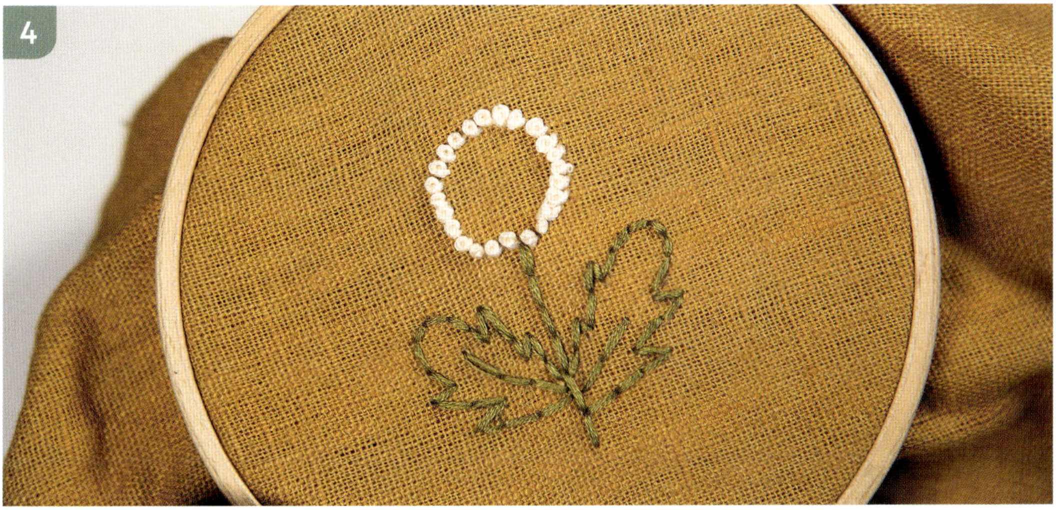

Die Blüte mit dem Knötchenstich in Rose hell sticken, dabei kreisförmig von außen nach innen arbeiten.

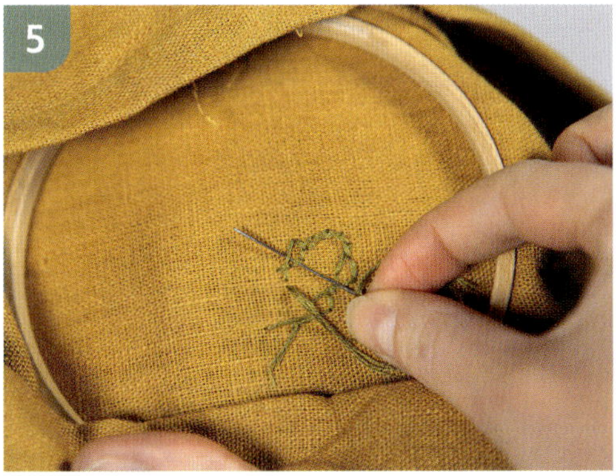

Anschließend den Faden auf der Rückseite vernähen.

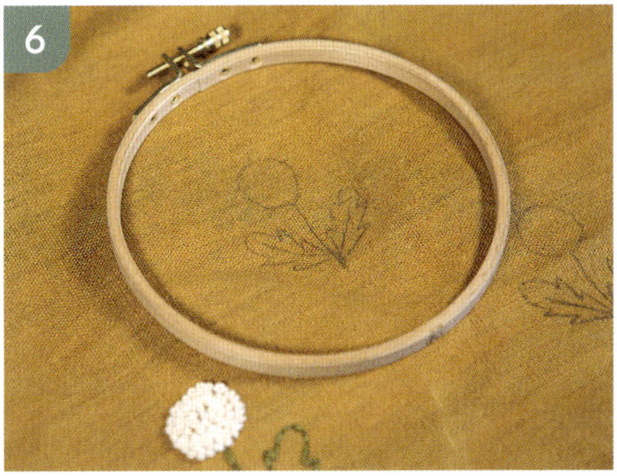

Dann den Stickrahmen um die nächste Blume spannen und fortfahren, bis alle Blumen gestickt sind. Zum Schluss den Kissenbezug gut bügeln.

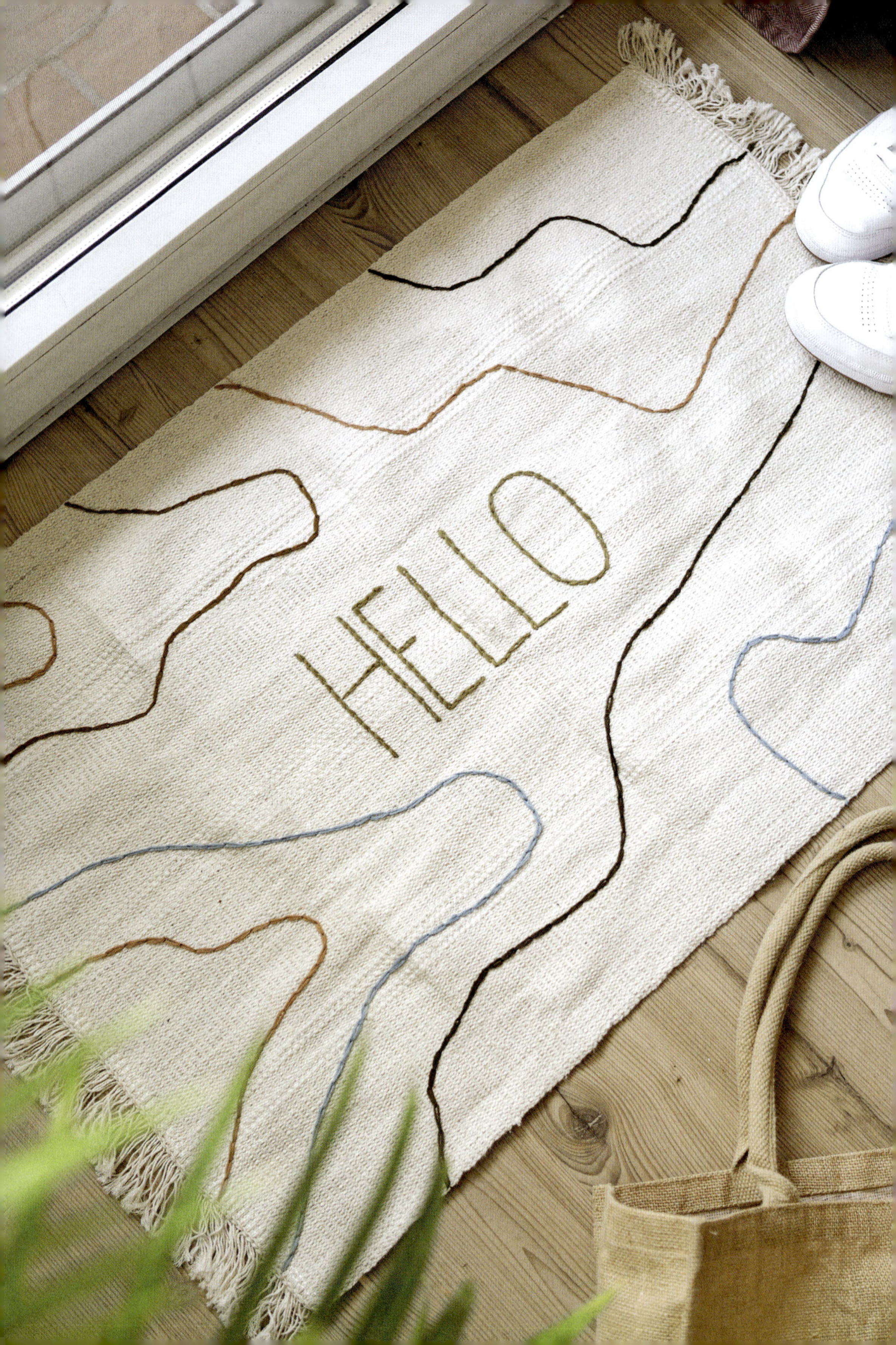
HELLO

BESTICKTER LÄUFER

Du suchst nach einem persönlichen und zugleich praktischen Geschenk? Wie wäre es mit einem selbst bestickten Läufer? Mit diesem Stickmuster machst du nicht nur deinen Freunden oder deiner Familie eine Freude, sondern verleihst auch deren Eingangsbereich einen besonderen Touch.

Schwierigkeitsgrad
MITTEL

Du brauchst:

- kleinen Baumwollteppich, ca. 55 x 85 cm
- Tapisserie-Wolle von Anchor (alternativ normale Wolle) in den Farben Olivgrün (9308), Hellblau (8916), Fuchsbraun (9396), Hellbraun (8102) und Rosa (9490) oder andere beliebige Farben
- spitze Sticknadel (nicht zu dünn)
- hitzeempfindlichen oder wasserlöslichen Stift
- selbstklebendes, wasserlösliches Stickvlies (optional)
- Schere
- Stickvorlage (Seite 90/91)

Verwendete Stiche und Garnstärke

- Kettenstich (6-fädig)

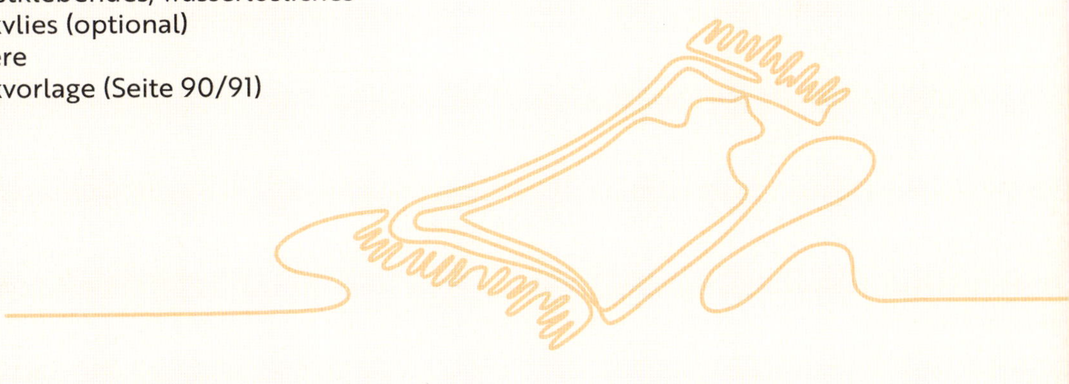

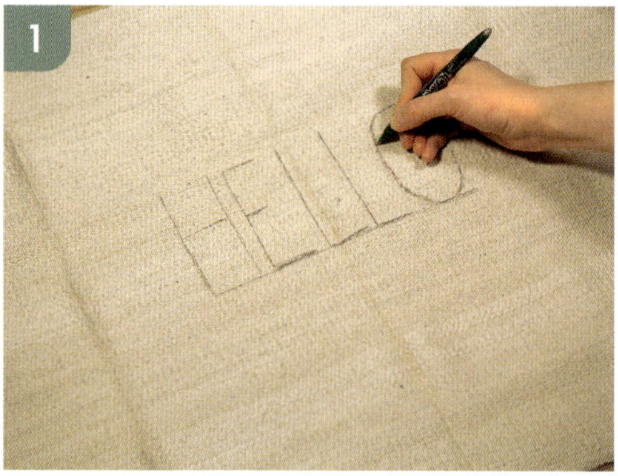

Die Mitte der Matte ausmessen und mit einem hitzeempfindlichen Stift eine gerade Linie ziehen. In Großbuchstaben das Wort „Hello“ oder „Hallo“ daraufschreiben.

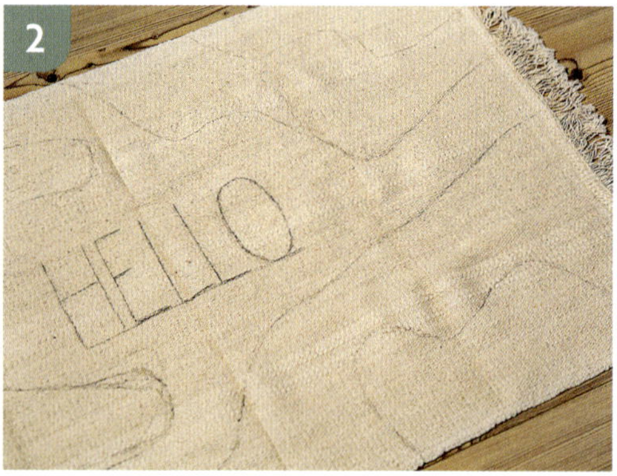

Dann ähnlich wie hier gezeigt Bögen über die Matte verteilt aufzeichnen.

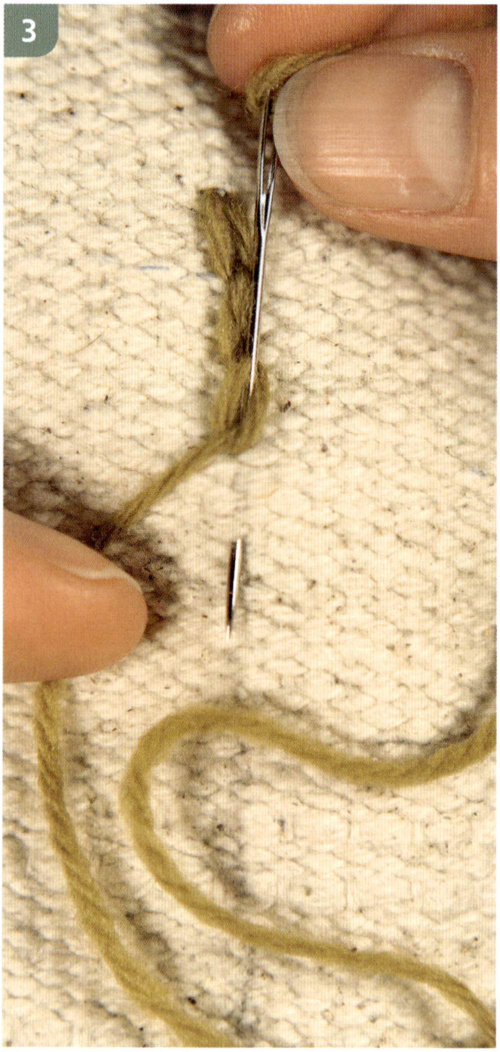

Als Erstes die Schrift sticken. Dafür ist es hilfreich, die Matte an den Seiten einzurollen, damit man die Arbeit besser greifen kann. Die Schrift mit dem Kettenstich in Olivgrün nachsticken.

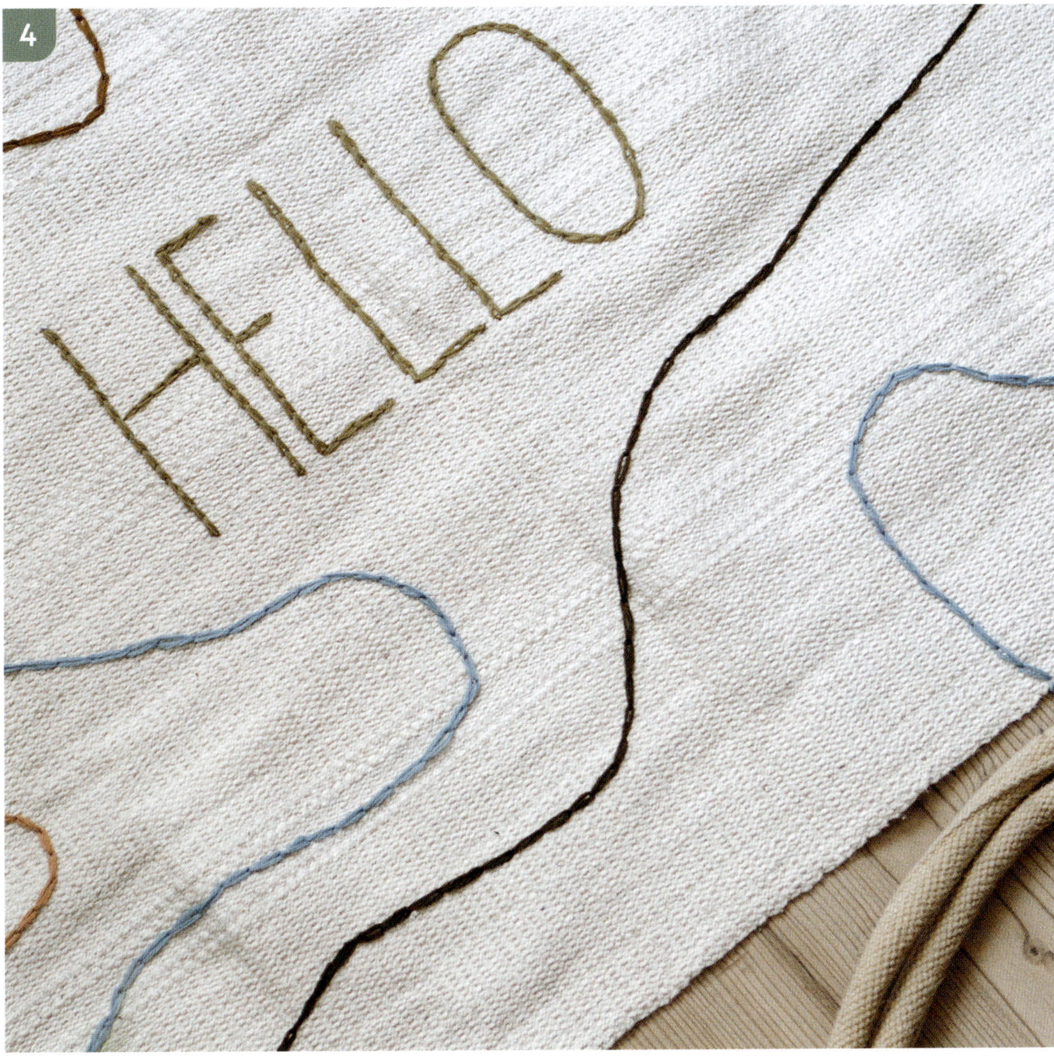

Im Anschluss die Bögen ebenfalls mit dem Kettenstich in den anderen Farben aufsticken. Danach den Teppich bügeln oder föhnen, damit die vorgezeichneten Linien verschwinden.

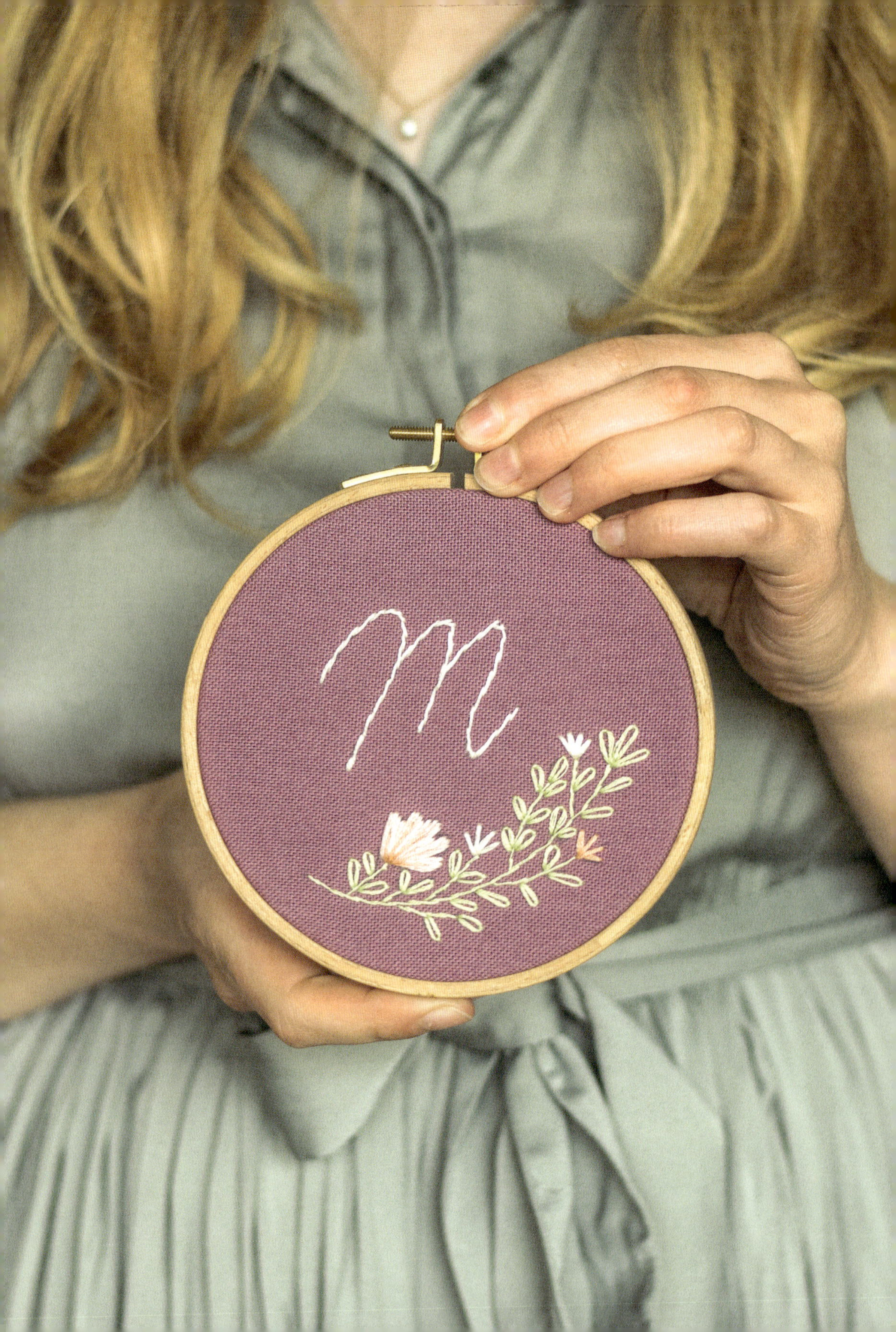

STICKBILD MIT INITIALE

Mit einem handgestickten Initialen-Stickbild kannst du ein ganz persönliches Geschenk zaubern, das sich perfekt als Dekoration fürs Kinderzimmer, als Mitbringsel zur Geburt oder einfach als besondere Überraschung für einen lieben Menschen eignet.

Schwierigkeitsgrad
MITTEL

Du brauchst:

- Baumwollstoff, ca. 20 x 20 cm
- Stickgarn von Anchor in den Farben Creme (275), Rotbraun mittel (9575), Blassrosé (1026) und Pistaziengrün (260) oder andere beliebige Farben
- spitze Sticknadel
- Stickrahmen (ca. 12 cm ø)
- hitzeempfindlichen oder wasserlöslichen Stift
- Schere
- Stickvorlagen (Seite 92)

Verwendete Stickstiche

- Stielstich (2-fädig und 3-fädig)
- Plattstich (6-fädig und 3-fädig)
- Margeritenstich (4-fädig)

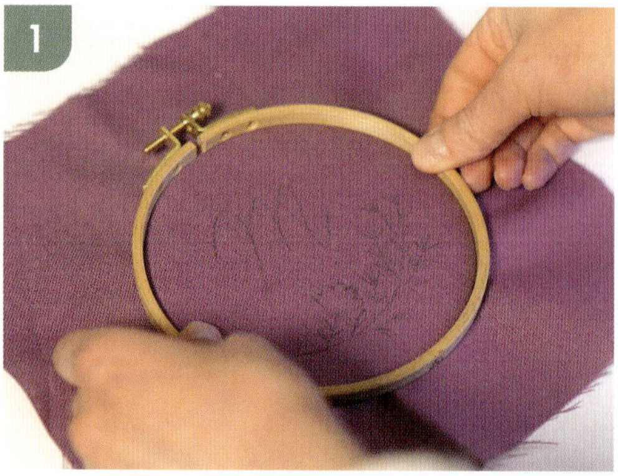

Die Vorlage auf den Stoff übertragen, die Initiale frei aufzeichnen und den Stoff in den Stickring spannen, dabei das Motiv mittig ausrichten.

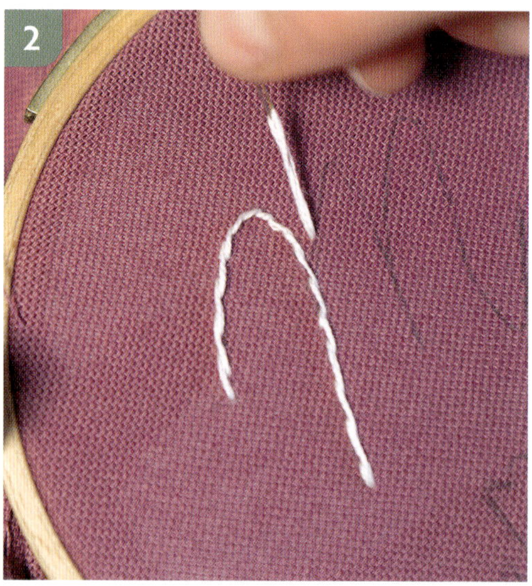

Die Schrift mit einem 3-fädigen Stielstich in der Farbe Creme aufsticken. Dabei in den Rundungen die Stichlänge verkleinern.

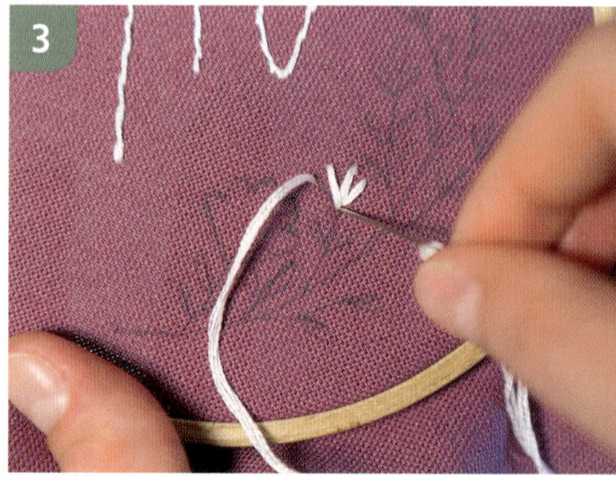

Dann mit den kleinen Blüten fortfahren. Diese im Geradstich in den Farben Creme und Rotbraun mittel von außen nach innen arbeiten. Dabei unten immer an derselben Stelle einstechen.

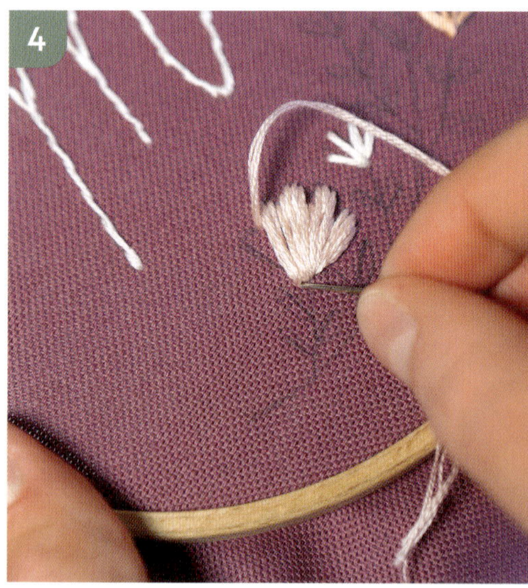

Die großen Blüten mit dem 6-fädigen Plattstich in Blassrosé ausfüllen.

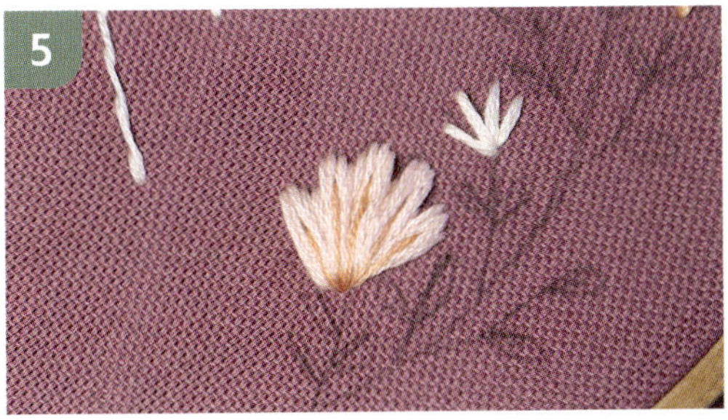

5

Anschließend mit Rotbraun mittel und 3-fädigen Plattstichen mit kleinen Akzenten versehen.

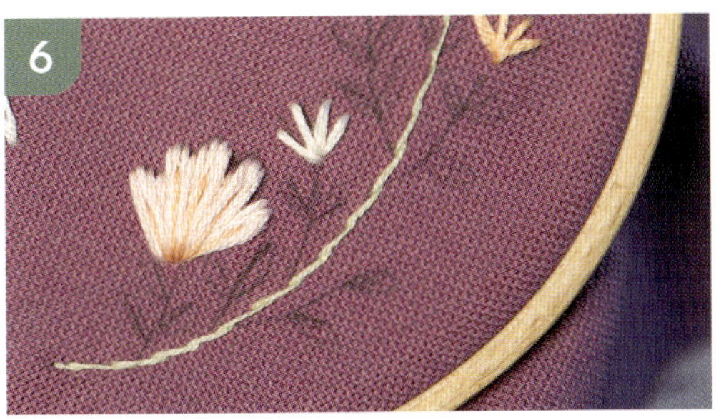

6

Den Pflanzenstiel mit dem 2-fädigen Stielstich in Pistaziengrün sticken. Dafür zuerst den Hauptstrang sticken …

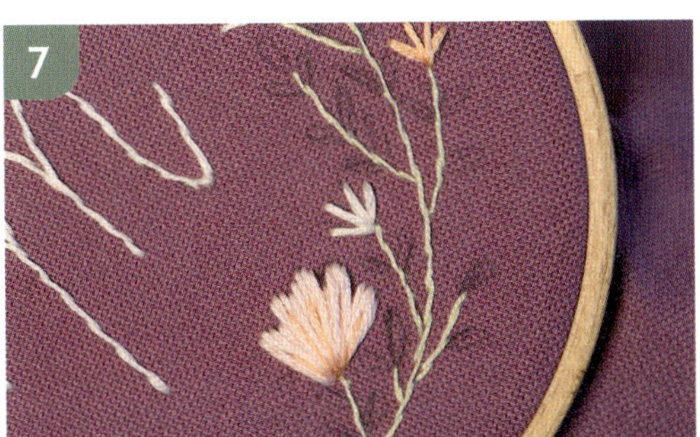

7

… und dann die kleinen Seitenzweige.

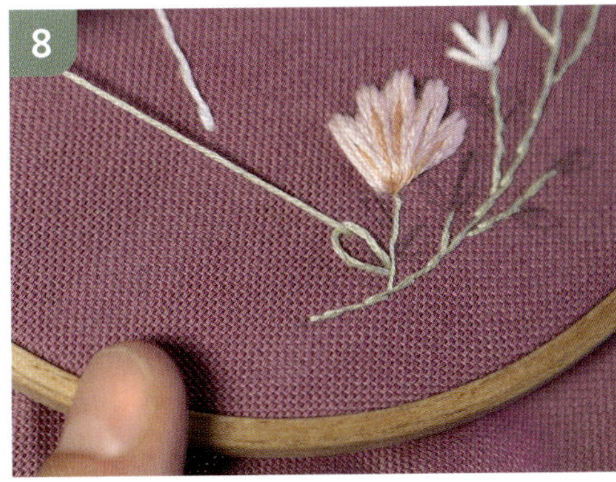

8

Danach alle Blätter in derselben Farbe mit dem Margeritenstich sticken.

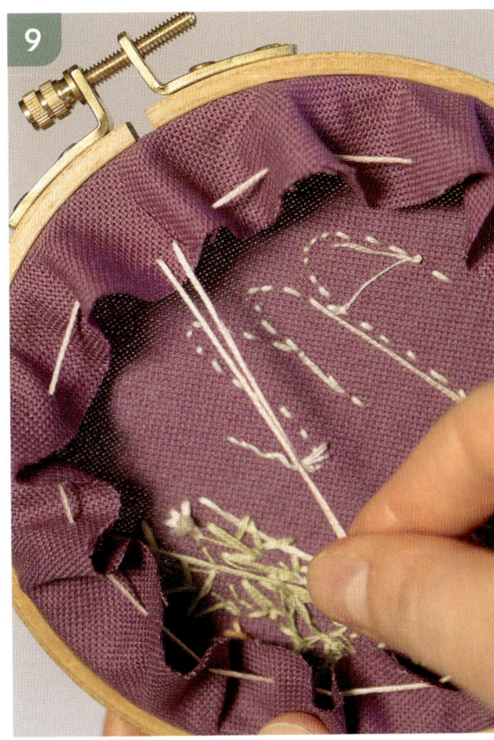

9

Zuletzt die Rückseite verschließen (siehe Seite 12).

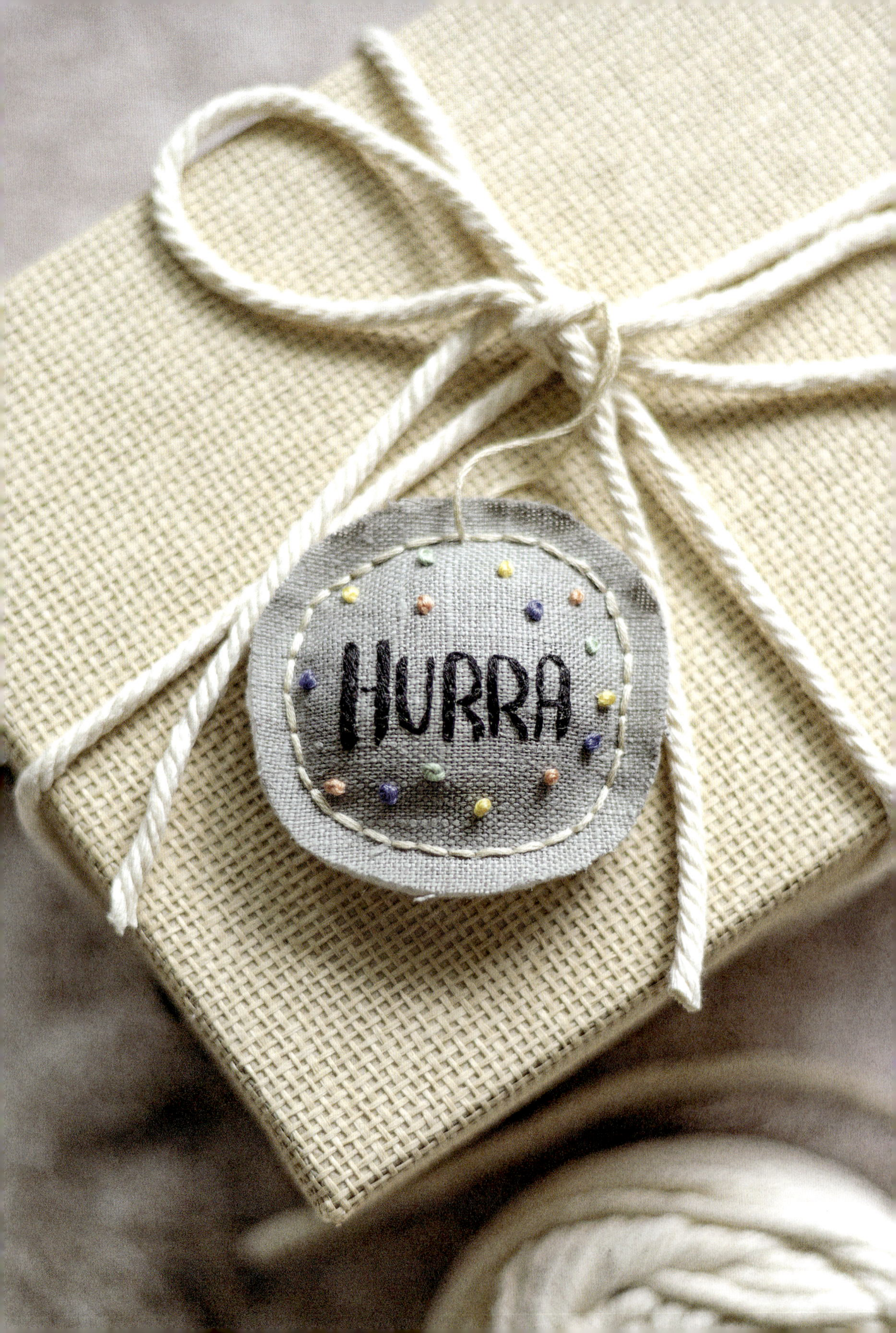
HURRA

GESCHENKANHÄNGER

Ein selbst gestickter Geschenkanhänger verleiht jedem Präsent eine individuelle Note und zeigt, dass du dir besondere Mühe gegeben hast. Mit dieser Stickanleitung kannst du einen fröhlichen Anhänger gestalten – perfekt für jeden Anlass und garantiert ein Hingucker. Da braucht man fast kein Geschenk mehr!

Schwierigkeitsgrad
MITTEL

Du brauchst:

- Baumwoll- oder Leinenstoff, ca. 20 x 20 cm
- Stickgarn von Anchor in den Farben Schwarz (403), Goldgelb (305), Rotbraun mittel (9575), Jeansblau mittel (122) und Kies (830) oder andere beliebige Farben
- spitze Sticknadel
- Stickrahmen (ca. 12 cm ø)
- hitzeempfindlichen oder wasserlöslichen Stift
- Schere
- Filz (15 x 15 cm), ca. 3 mm dick
- Füllmaterial, z. B. Watte oder Stoffreste
- Stickvorlage (Seite 90)

Verwendete Stickstiche

- Rückstich (2-fädig)
- Knötchenstich (6-fädig)

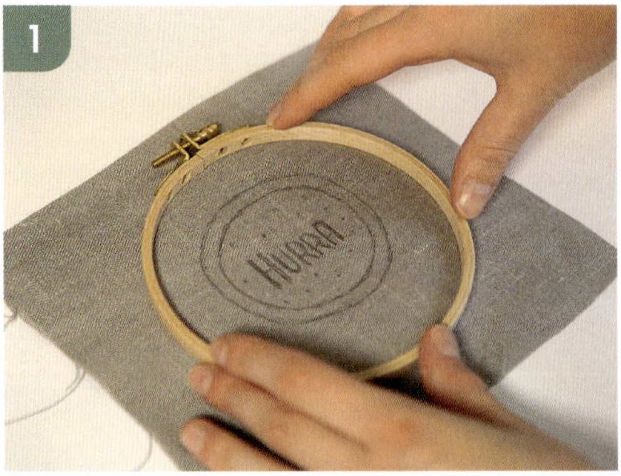

Die Vorlage mit dem Stift auf den Stoff übertragen und diesen in den Stickrahmen spannen, dabei das Motiv mittig ausrichten.

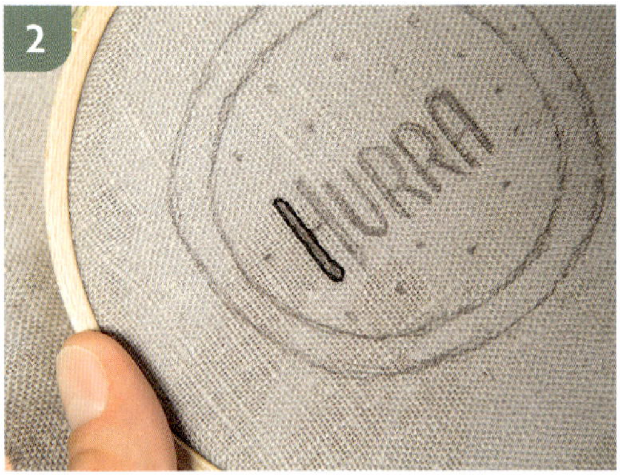

Zunächst die Schrift mit dem Rückstich in Schwarz sticken. An den Stellen, wo sie dicker ist, zuerst die Konturen arbeiten und diese dann mit mehreren dicht aneinandergesetzten Reihen ausfüllen.

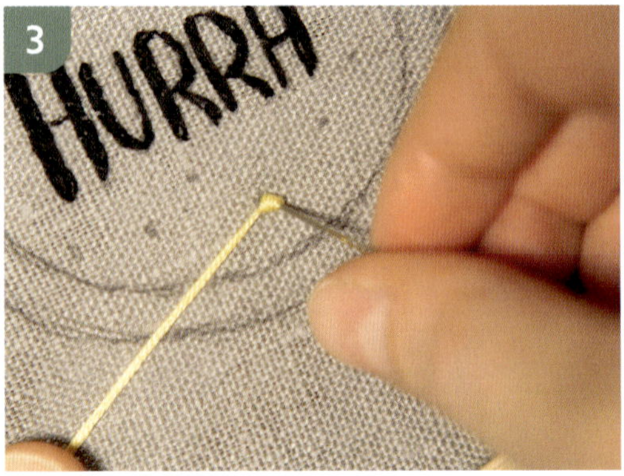

Die Pünktchen mit Knötchenstichen in den Farben Goldgelb, Rotbraun mittel und Jeansblau mittel sticken, dabei die Pünktchen in derselben Farbe direkt nacheinander sticken. Dann den Faden vernähen und mit der nächsten Farbe fortfahren.

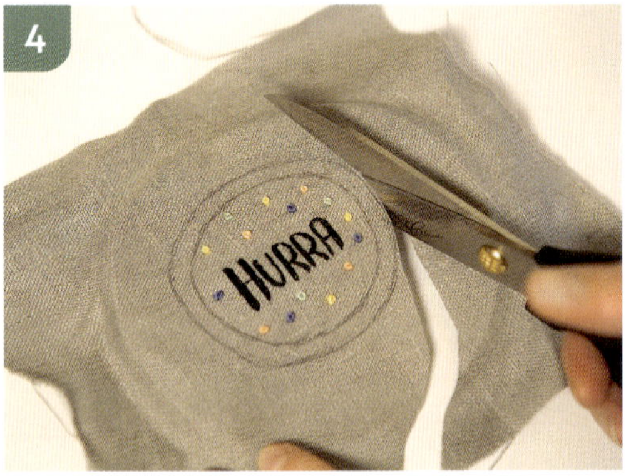

Anschließend den Stoff aus dem Stickrahmen lösen und den Kreis entlang der äußeren Linie ausschneiden.

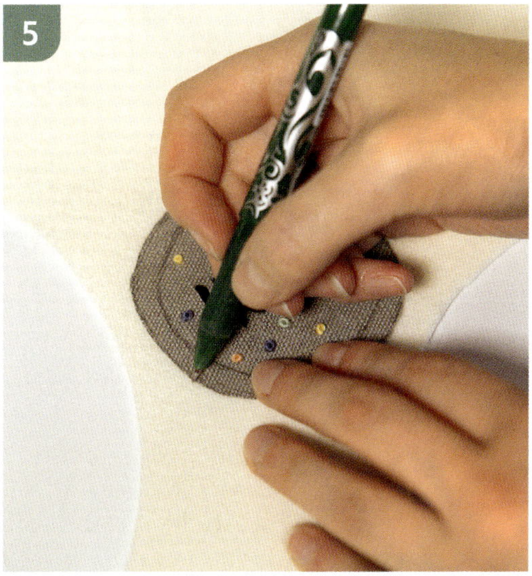

Auf ein Stück Filz legen, die Kontur nachzeichnen und ausschneiden.

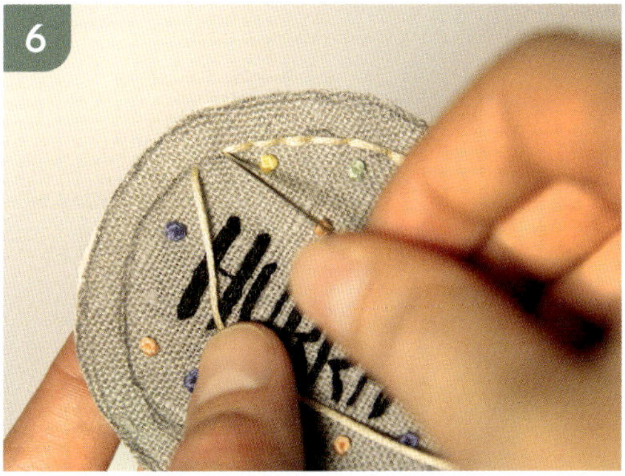

Das gestickte Motiv auf den Filzkreis legen und mit dem Garn in der Farbe Kies und dem Rückstich entlang der vorgezeichneten Linie zusammennähen, dabei noch eine kleine Öffnung lassen.

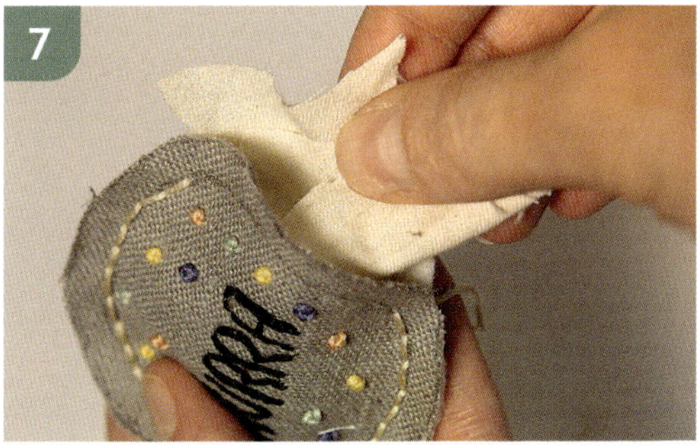

Mit etwas Füllmaterial ausstopfen und die Naht schließen.

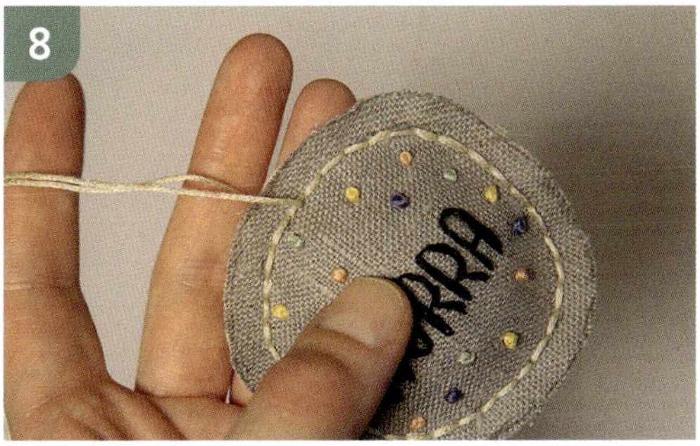

An der oberen Mitte einen Faden anbringen und die Enden verknoten.

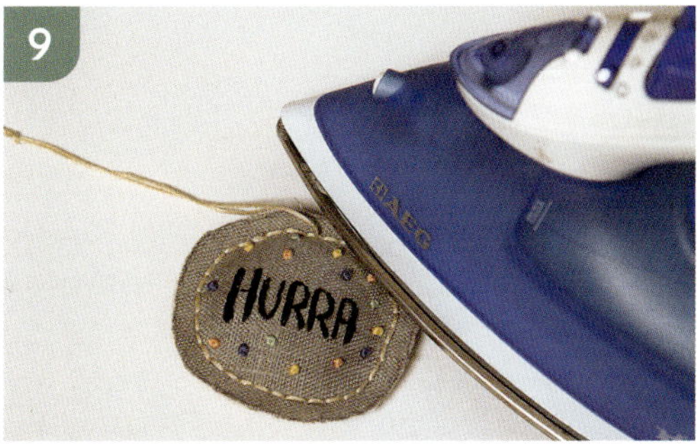

Eventuelle Rückstände der Vorzeichnung mit dem Bügeleisen entfernen.

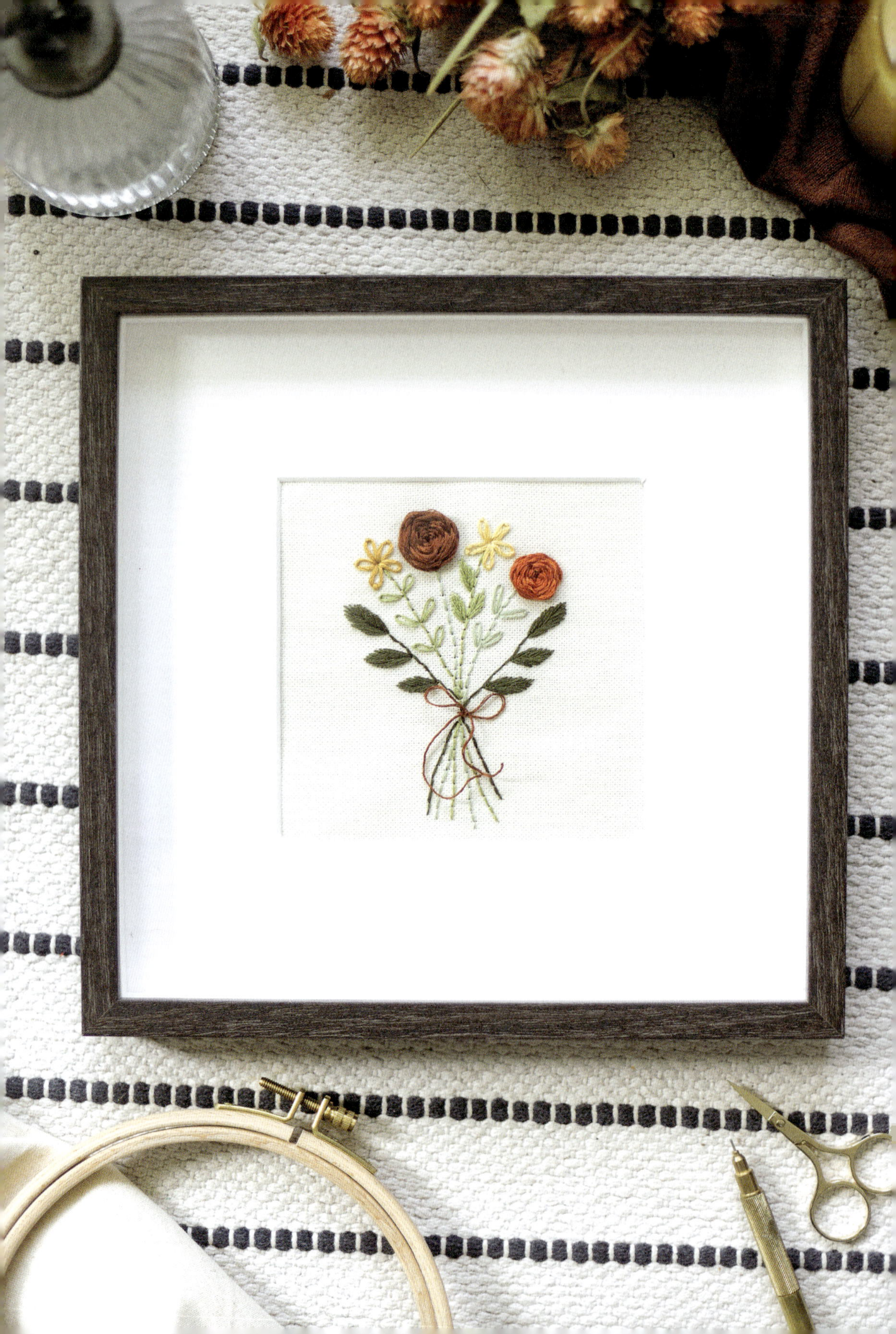

BLUMENSTRAUSS IM BILDERRAHMEN

Blumen gehen immer! Wäre es nicht schön, wenn Blumensträuße auch ewig halten würden? Mit dieser einfachen Stickanleitung kreierst du einen wunderschönen Strauß, der nie verwelkt und trotzdem jedem Raum eine frische Note verleiht. Das Bild ist besonders einfach zu sticken und wirkt in einem Bilderrahmen mit Passepartout wie ein kleines Kunstwerk.

Schwierigkeitsgrad
EINFACH

Du brauchst:

- Baumwoll- oder Leinenstoff, ca. 20 x 20 cm
- Stickgarn von Anchor in den Farben Rostbraun (341), Kastanienbraun (352), Currybraun (907), Graugrün (858), Gelboliv (843) und Moorgrün (846) oder in anderen beliebigen Farben
- spitze Sticknadel
- Stickrahmen (15–18 cm ø)
- hitzeempfindlichen oder wasserlöslichen Stift
- Bilderrahmen mit Passepartout (ca. 23 x 23 cm)
- Schere
- Stickvorlage (Seite 87)

Verwendete Stickstiche

- Webrosenstich (3-fädig)
- Rückstich (3-fädig)
- Margeritenstich (3-fädig)
- Rückstich (3-fädig)

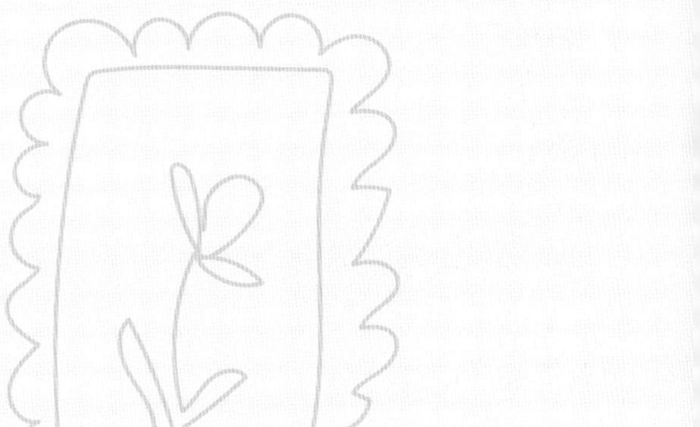

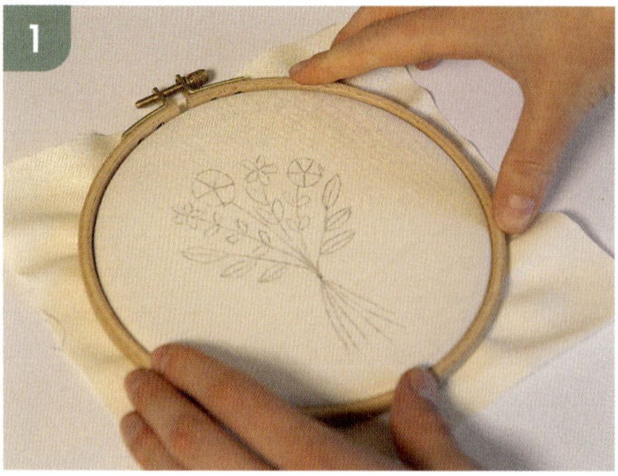

Die Vorlage mit dem Stift auf den Stoff übertragen. Dann in den Stickrahmen spannen, dabei das Motiv mittig ausrichten.

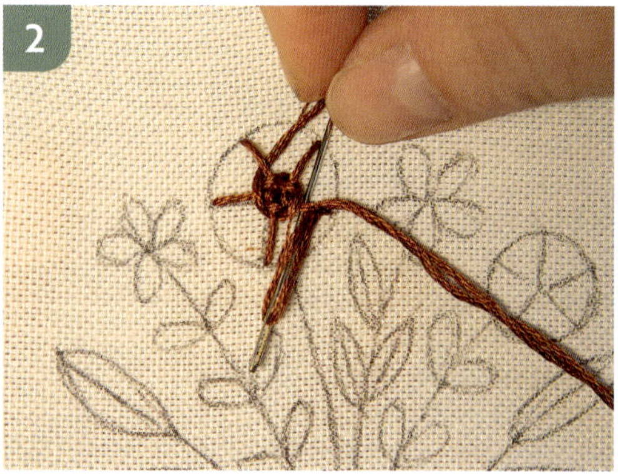

Als Erstes die beiden Rosen im Webrosenstich in den Farben Rostbraun und Kastanienbraun sticken.

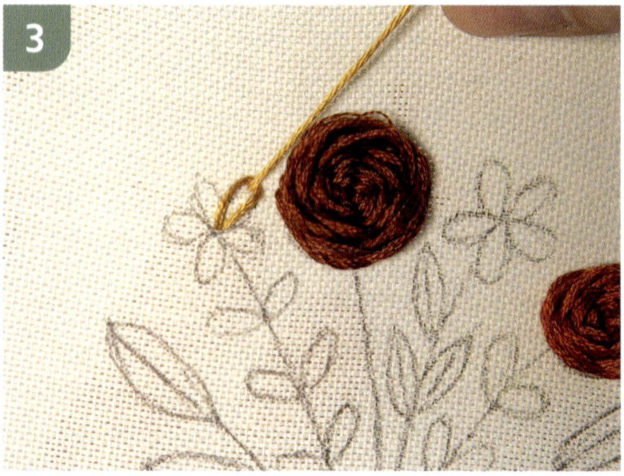

Dann in Currybraun die gelben Blüten mit dem Margeritenstich sticken.

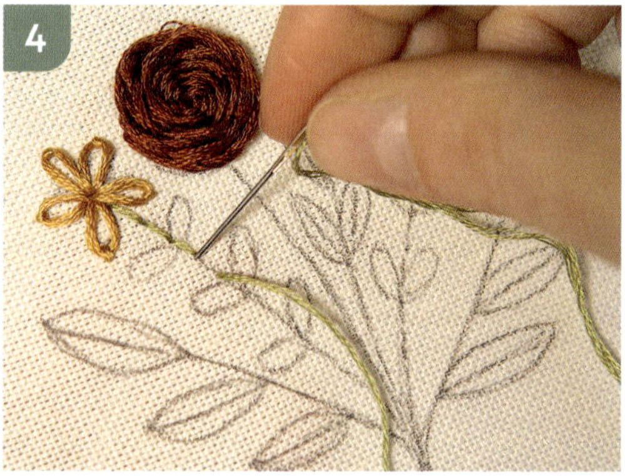

Die Blumenstiele mit dem Rückstich sticken. Dabei für die Stiele der Rosen Graugrün, der gelben Blumen Gelboliv und der Blätterzweige Moorgrün verwenden. Gleichfarbige Stiele direkt nacheinander arbeiten, ohne den Faden zwischendurch zu vernähen.

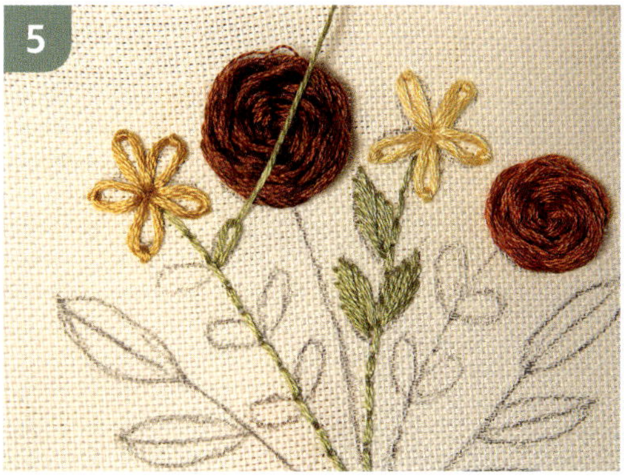

Die kleinen Blätter mit dem Margeritenstich, die großen mit dem Grätenstich sticken. Dabei jeweils dieselben Farben wie für die zugehörigen Stiele verwenden.

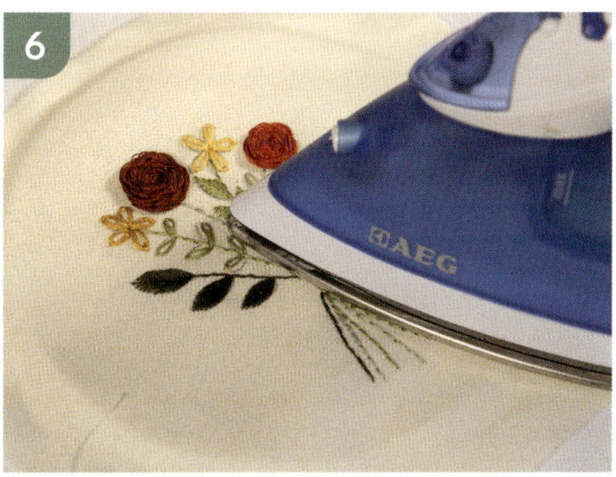

Den Stoff aus dem Rahmen lösen und vorsichtig bügeln, damit sowohl die Vorzeichnung als auch der Abdruck des Stickrahmens unsichtbar werden.

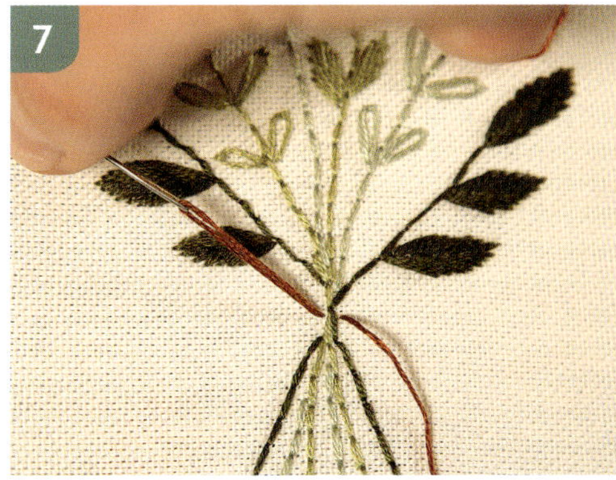

Für die Schleife mit einem Faden in Kastanienbraun in der Mitte des Straußes dicht neben den Stängeln ein- und an der anderen Seite wieder ausstechen. Anschließend den Faden vorne verknoten und zu einer Schleife binden.

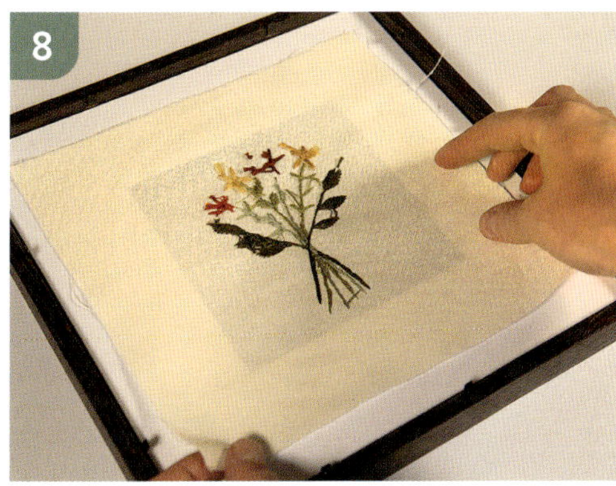

Den Bilderrahmen öffnen, den bestickten Stoff hineinlegen und ausrichten. Damit nichts verrutscht, die Ecken mit Klebeband auf dem Passepartout fixieren und zuletzt die Rückseite des Bilderrahmens wieder einlegen.

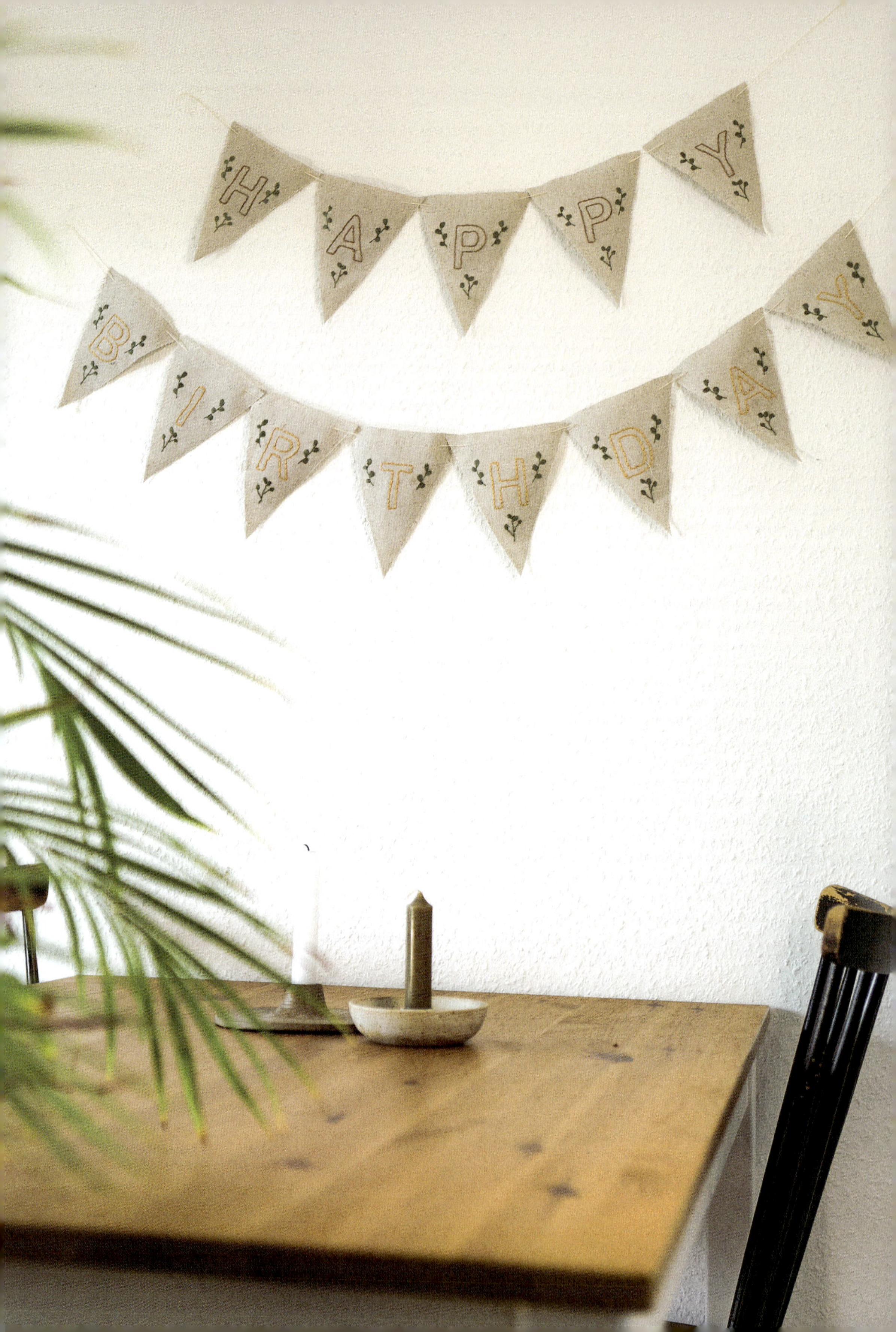
HAPPY
BIRTHDAY

GEBURTSTAGSGIRLANDE

Schluss mit liebloser Geburtstagsdekoration! Mit dieser handbestickten Wimpelkette kannst du dem Geburtstagskind eine ganz besondere Überraschung machen. Sie ist einfach umzusetzen und ein hübscher Hingucker auf dem Geburtstagsfest. Außerdem kann man sie jedes Jahr wieder aufhängen!

Schwierigkeitsgrad
EINFACH

Du brauchst:

- Baumwoll- oder Leinenstoff, ca. 1 x 1 m
- Stickgarn von Anchor in den Farben Eukalyptusgrün (860), Kakaobraun hell (378) und Weizenbraun (362) oder andere beliebige Farben
- spitze Sticknadel
- Stickrahmen (12–15 cm ø)
- hitzeempfindlichen oder wasserlöslichen Stift
- Papier
- Schere
- Stickvorlagen (Seite 92/93)

Verwendete Stickstiche

- Rückstich (3-fädig und 6-fädig)
- Plattstich (3-fädig)

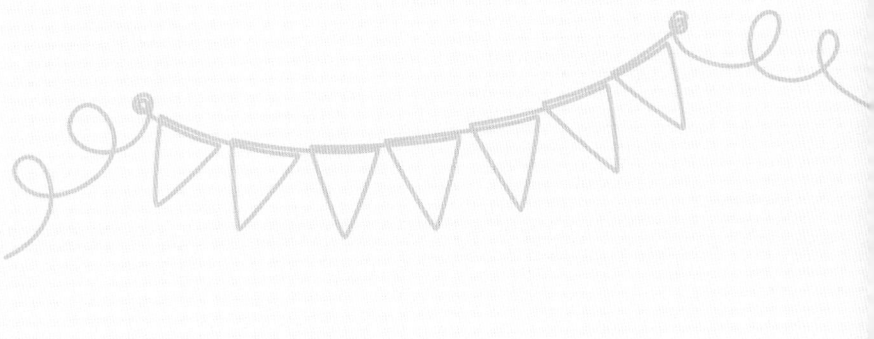

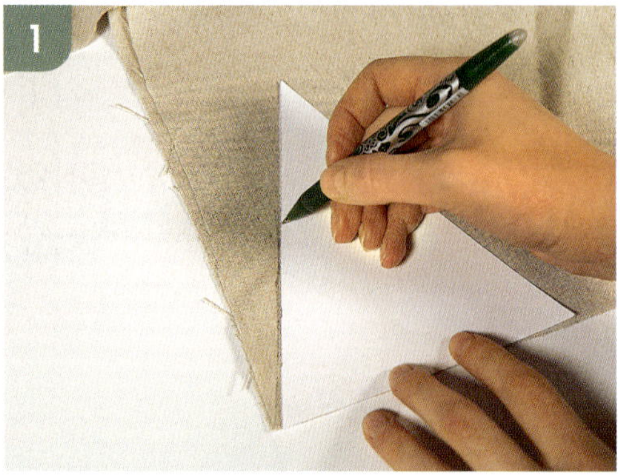

Das Dreieck auf Papier übertragen und ausschneiden. Als Schablone auf den Stoff legen und 8 Dreiecke daraus ausschneiden. Tipp: Den Stoff mehrlagig legen und so mehrere Dreiecke gleichzeitig ausschneiden.

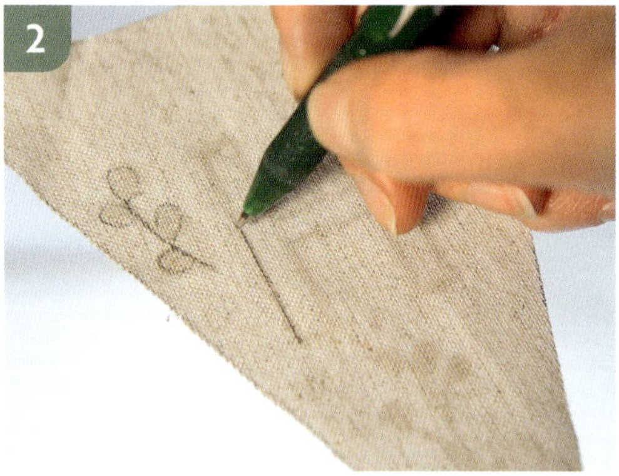

Dann die Motive auf die Stoffdreiecke übertragen.

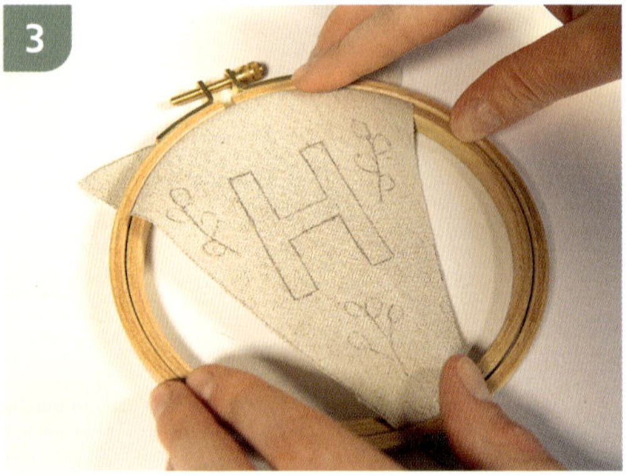

Das erste Dreieck in den Stickrahmen einspannen.

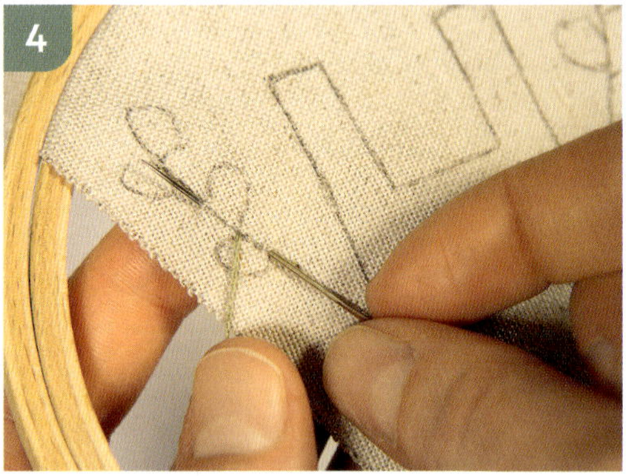

Nun zuerst Pflanzenstiele mit dem 3-fädigen Rückstich in Eukalyptusgrün sticken.

GEBURTSTAGSGIRLANDE

5

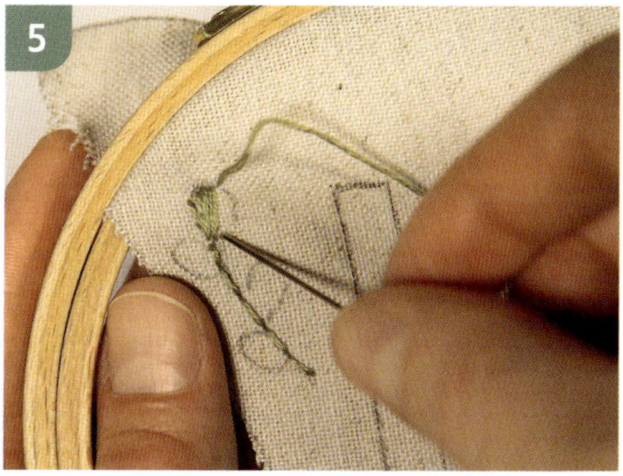

Anschließend die Blätter in derselben Farbe mit dem Plattstich füllen.

6

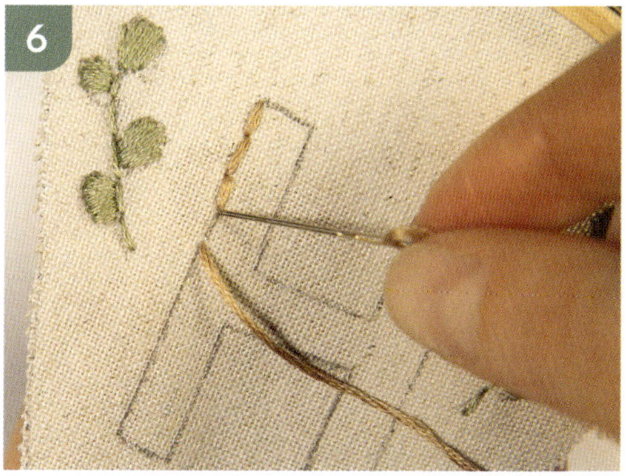

Dann die Buchstaben für das Wort „Happy" in Kakaobraun hell, für „Birthday" in Weizenbraun im 6-fädigen Rückstich sticken.

7

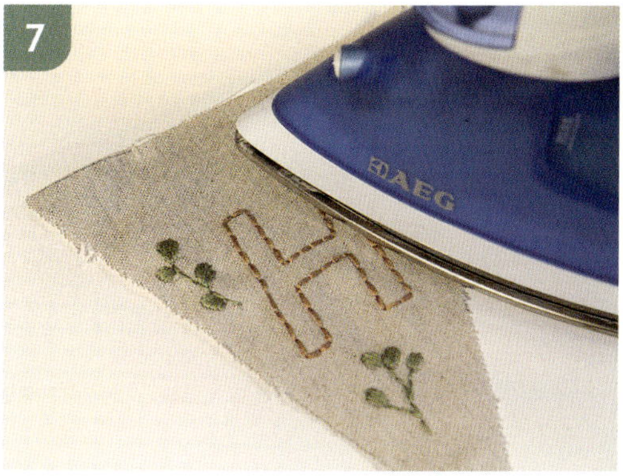

Auf diese Weise alle Dreiecke besticken. Anschließend bügeln, damit Vorzeichnung und Abdruck des Stickrahmens unsichtbar werden.

8

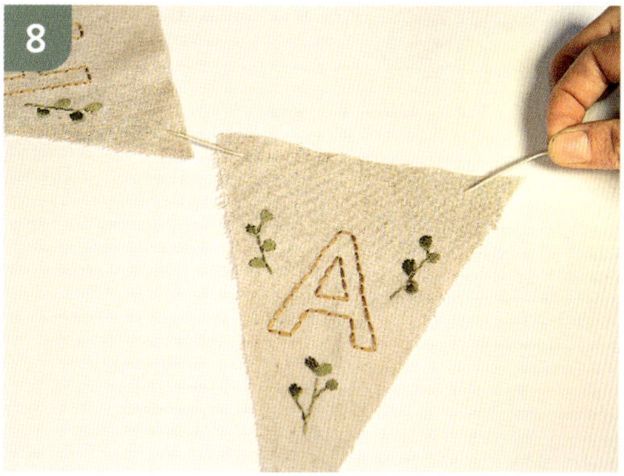

Zum Zusammenfügen einen langen Faden in der Wunschlänge der Girlande abschneiden und die Dreiecke auffädeln. Dafür stets an einer Ecke einstechen und an der anderen Ecke ausstechen. Anschließend die Dreiecke gleichmäßig verteilen und die Girlande aufhängen.

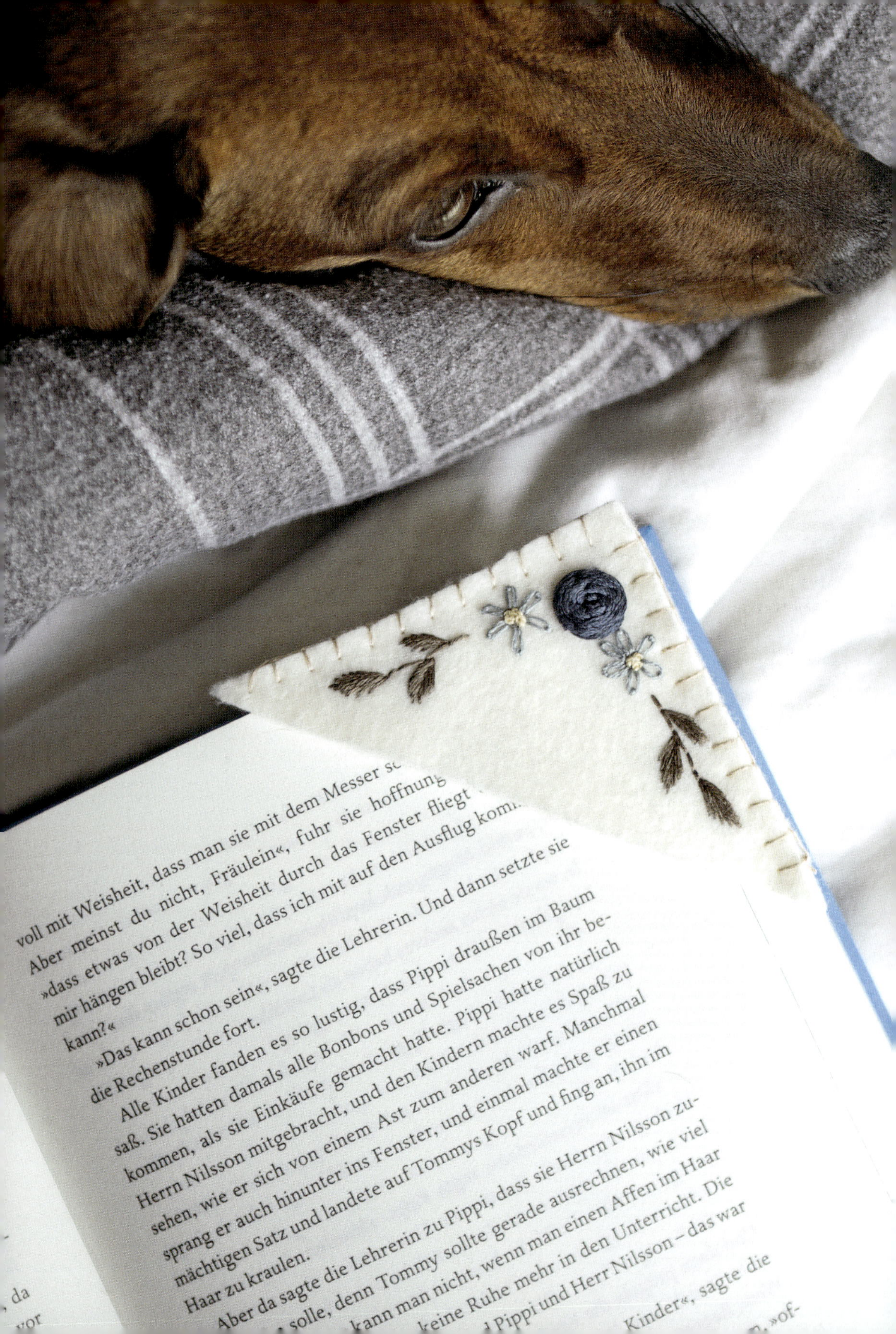
voll mit Weisheit, dass man sie mit dem Messer
Aber meinst du nicht, Fräulein«, fuhr sie
»dass etwas von der Weisheit durch das Fenster fliegt
mir hängen bleibt? So viel, dass ich mit auf den Ausflug
kann?«
»Das kann schon sein«, sagte die Lehrerin. Und dann setzte sie
die Rechenstunde fort.
Alle Kinder fanden es so lustig, dass Pippi draußen im Baum
saß. Sie hatten damals alle Bonbons und Spielsachen von ihr be-
kommen, als sie Einkäufe gemacht hatte. Pippi hatte natürlich
Herrn Nilsson mitgebracht, und den Kindern machte es Spaß zu
sehen, wie er sich von einem Ast zum anderen warf. Manchmal
sprang er auch hinunter ins Fenster, und einmal machte er einen
mächtigen Satz und landete auf Tommys Kopf und fing an, ihn im
Haar zu kraulen.
Aber da sagte die Lehrerin zu Pippi, dass sie Herrn Nilsson zu-
solle, denn Tommy sollte gerade ausrechnen, wie viel
kann man nicht, wenn man einen Affen im Haar
keine Ruhe mehr in den Unterricht. Die
Pippi und Herr Nilsson – das war
Kinder«, sagte die

LESEZEICHEN

Dies ist das perfekte Geschenk für alle Leseratten. Das florale Lesezeichen sieht nicht nur süß aus, sondern ist auch superpraktisch. Es wird einfach über die obere Ecke der Buchseiten geschoben. Und wenn man das Buch nächstes Mal wieder aufschlägt, kann man sich über hübsche Blümchen freuen, bevor man sich wieder in die Lektüre vertieft.

Schwierigkeitsgrad
EINFACH BIS MITTEL

Du brauchst:

- Filz, ca. 20 x 20 cm, 3 mm dick
- Stickgarn von Anchor in den Farben Stahl mittel (1035), Flachs (942), Graublau hell (849), Ombra (393) und Marmorbeige (388) oder andere beliebige Farben
- spitze Sticknadel
- Stickrahmen (12–15 cm ø)
- selbstklebendes, wasserlösliches Stickvlies
- Schere
- Stickvorlage (Seite 91)

Verwendete Stickstiche

- Webrosenstich (6-fädig)
- Knötchenstich (3-fädig)
- Margeritenstich (3-fädig)
- Rückstich (3-fädig)
- Grätenstich (3-fädig)

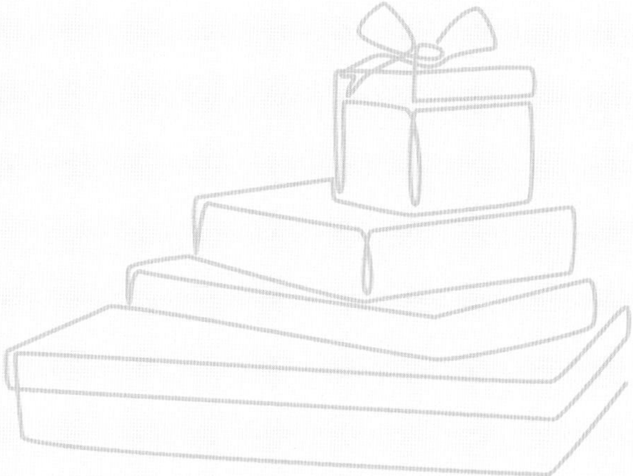

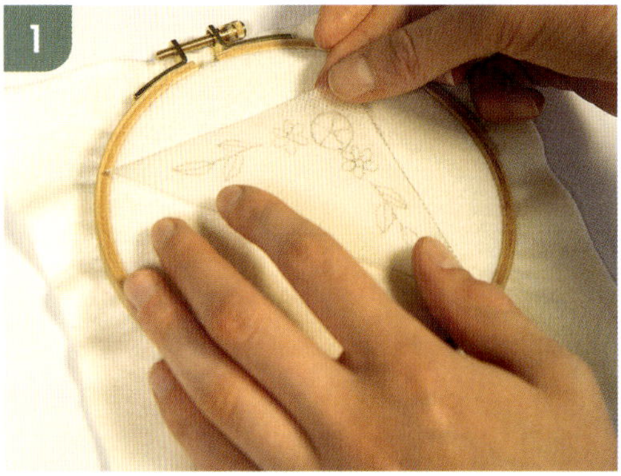

Die Vorlage auf das Vlies übertragen, ausschneiden. Den Filz in den Stickrahmen spannen und das Vlies mit dem Motiv daraufkleben.

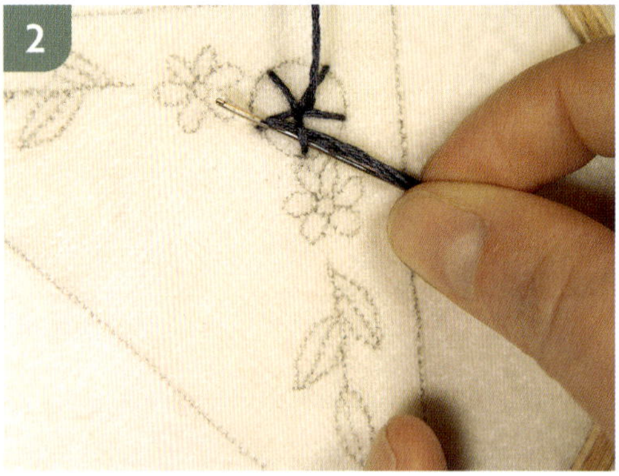

Als Erstes die Rose mit dem Webrosenstich in der Farbe Stahl mittel sticken.

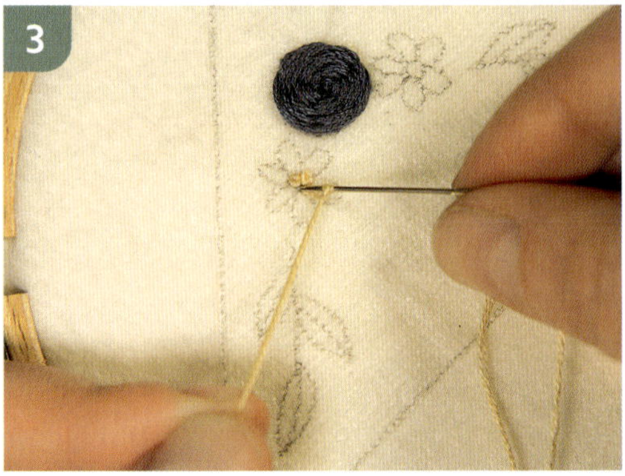

Die Mitte der kleinen Blüten mit mehreren Knötchenstichen in Flachs ausfüllen.

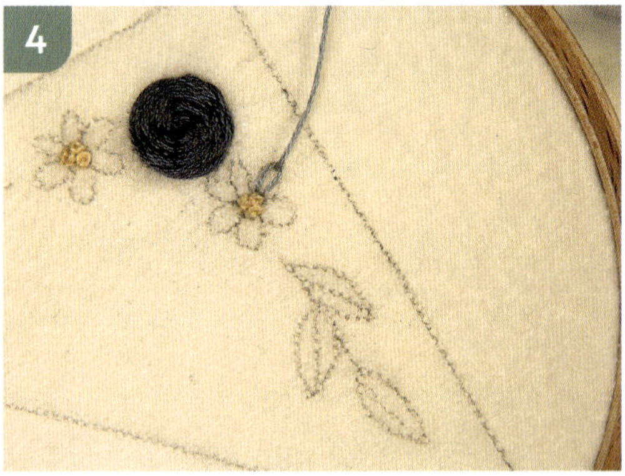

Anschließend die Blütenblätter in Graublau hell mit dem Margeritenstich sticken.

5

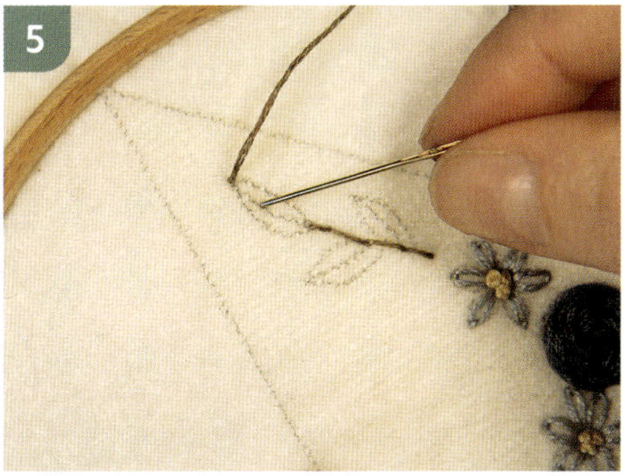

Den Stiel der Zweige in Ombra mit dem Rückstich sticken. Den Faden nicht abschneiden und gleich die Blätter im Grätenstich sticken.

6

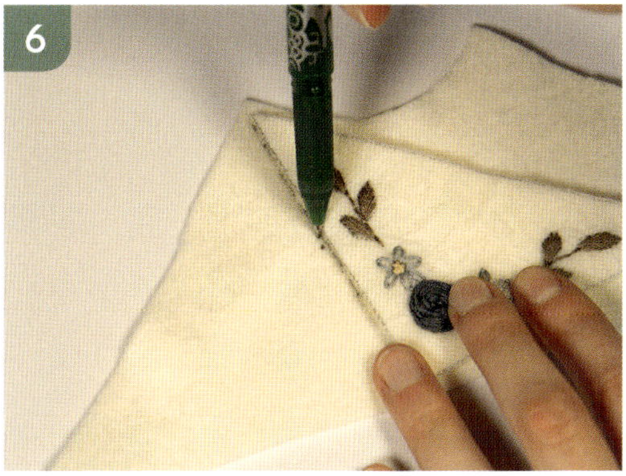

Den Filz aus dem Stickrahmen lösen und das Dreieck ausschneiden. Dann auf ein zweites Stück Filz legen, die Ränder nachziehen und ein zweites Dreieck ausschneiden.

7

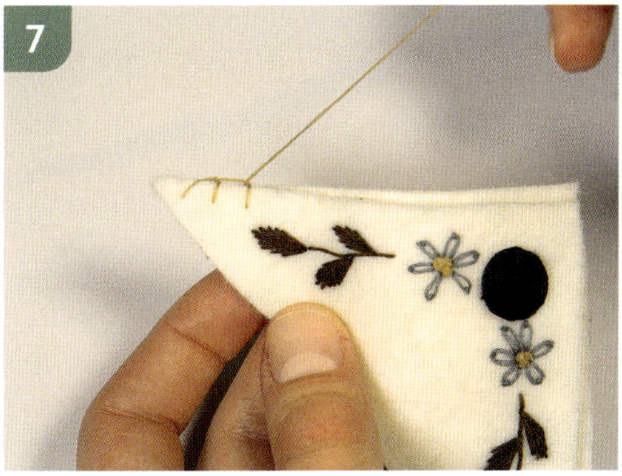

Das Stickvlies auswaschen und den Filz trocknen lassen. Dann die Dreiecke mit dem Motiv nach oben aufeinanderlegen und die kurzen Seiten mit 3 Fäden in Marmorbeige mit einem Knopflochstich* zusammennähen.

* Mit dem Knopflochstich lässt sich eine dekorative Naht anfertigen. Er wird von rechts nach links gearbeitet. Dafür die Nadel ca. 5–10 mm neben der Stoffkante einstechen und dabei die Nadelspitze über den nach links gelegten Faden legen. Die folgenden Stiche ebenso ausführen.

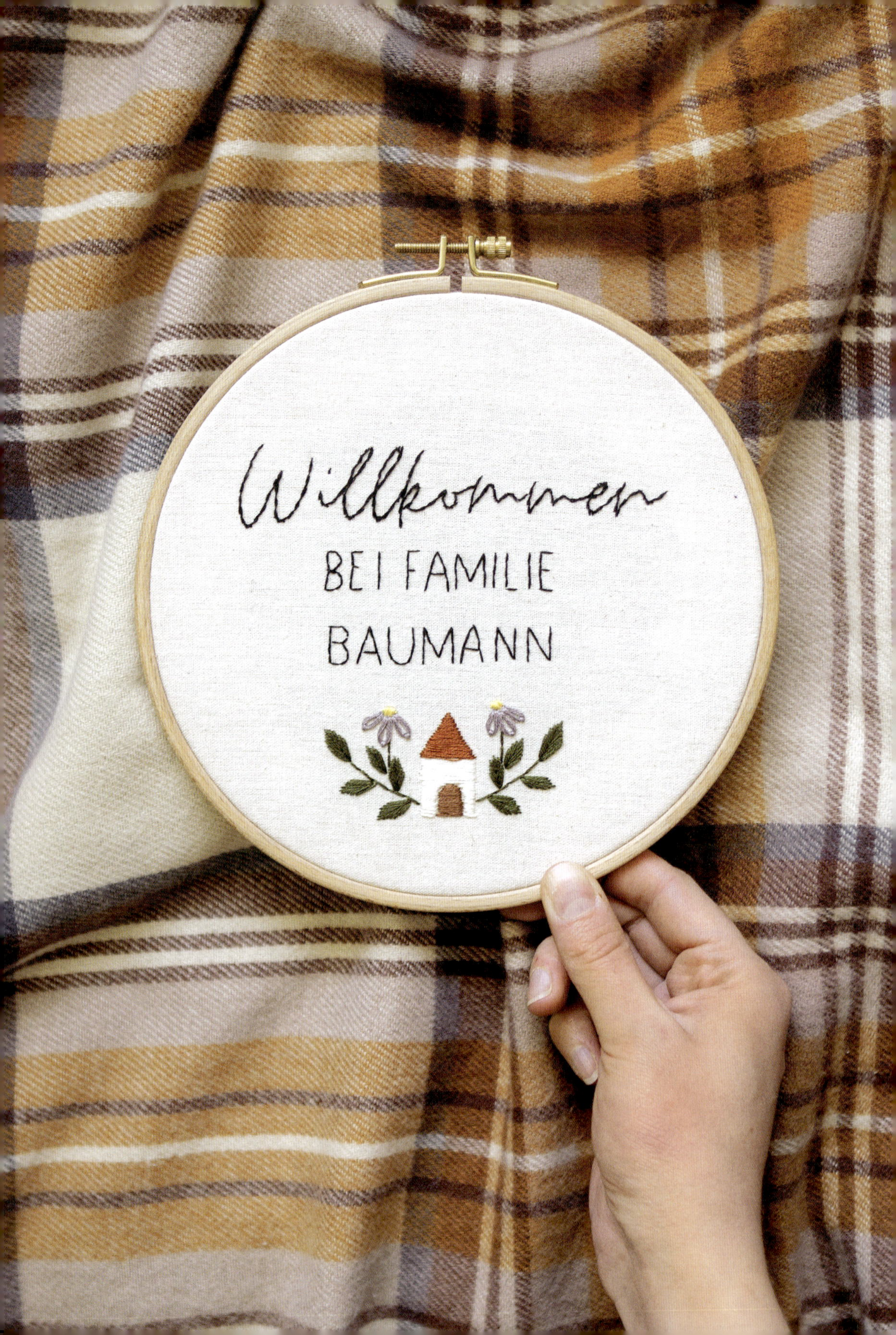
Willkommen
BEI FAMILIE
BAUMANN

WILLKOMMENSSCHILD

Wie wäre es mit einem einzigartigen und persönlichen Willkommensschild für deine Freunde oder Familie? Mit dieser Stickanleitung kannst du dein eigenes personalisiertes Türschild gestalten. Es verleiht jedem Eingangsbereich einen herzlichen und persönlichen Touch. Ein Geschenk, das garantiert in Erinnerung bleibt!

Schwierigkeitsgrad
EINFACH BIS MITTEL

Du brauchst:

- Baumwoll- oder Leinenstoff, ca. 25 x 25 cm
- Stickgarn von Anchor in den Farben Tabakbraun (358), Creme (275), Braunrot (351), Moorgrün (846), Erde (233), Goldgelb (305) und Schwarz (403) oder andere beliebige Farben
- spitze Sticknadel
- Stickrahmen (ca. 18 cm ø)
- hitzeempfindlichen oder wasserlöslichen Stift
- Schere
- Stickvorlage (Seite 93)

Verwendete Stickstiche

- Plattstich (3-fädig)
- Rückstich (3-fädig und 2-fädig)
- Grätenstich (3-fädig)
- Margeritenstich (6-fädig)
- Stielstich (2-fädig)

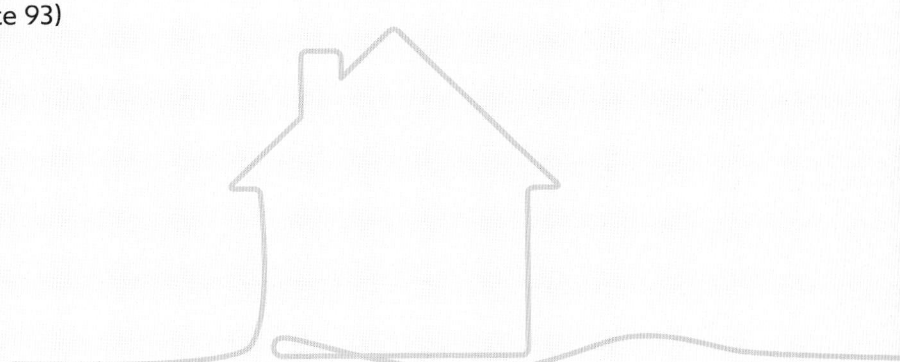

1

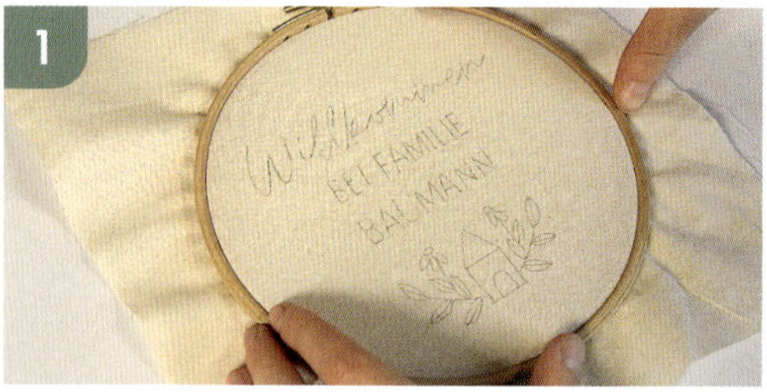

Die Vorlage mit dem Namen ergänzen, auf den Stoff übertragen und in den Stickring spannen, mittig ausrichten.

2

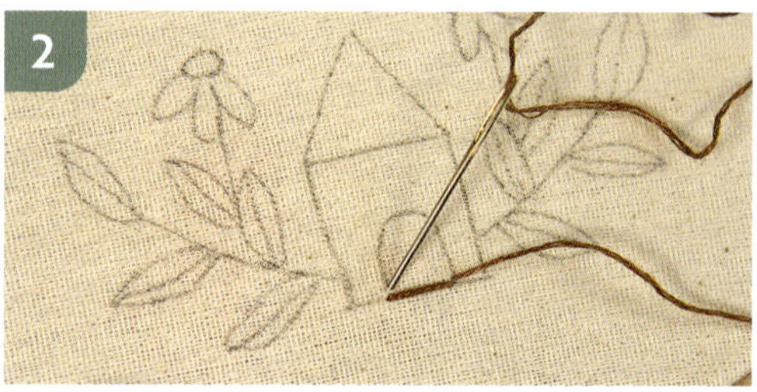

Als Erstes die Haustür in Tabakbraun mit waagerechten Plattstichen ausfüllen.

3

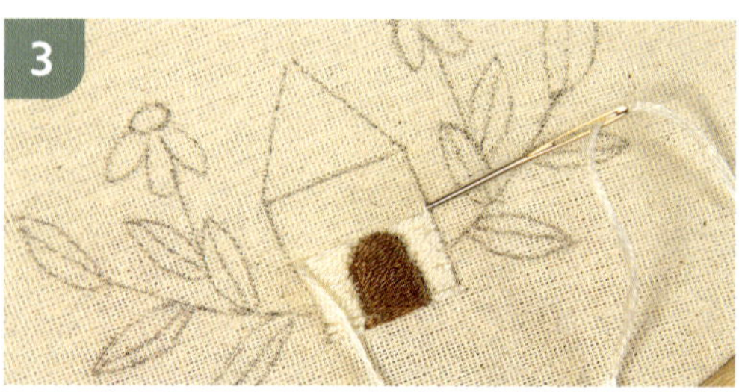

Dann die Fassade in Creme mit dem Plattstich füllen. Dabei zuerst den rechten Bereich, dann den linken von unten nach oben ausfüllen, bis die obere Kante der Tür erreicht ist. Zuletzt die obere Hälfte in längeren Stichen füllen.

4

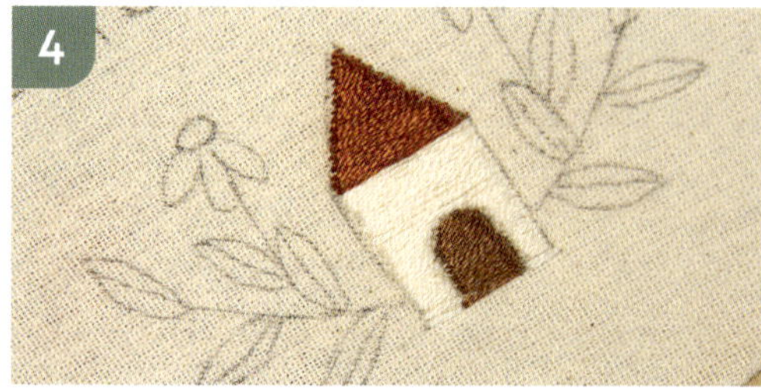

Das Dach in Braunrot ebenfalls mit waagerechten Plattstichen sticken.

5

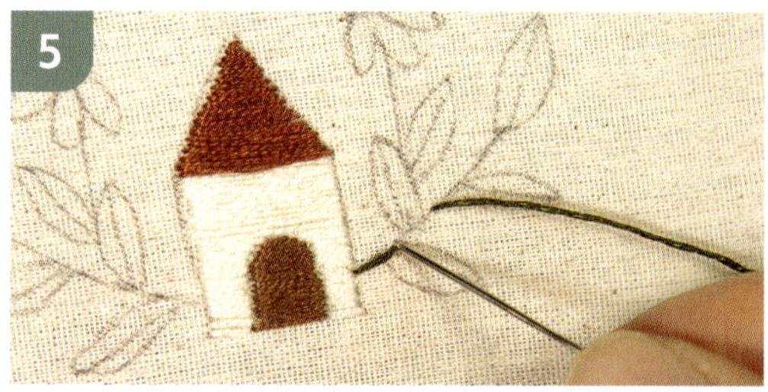

Nun die Stiele der Blätterranken in der Farbe Moorgrün im 3-fädigen Rückstich sticken.

6

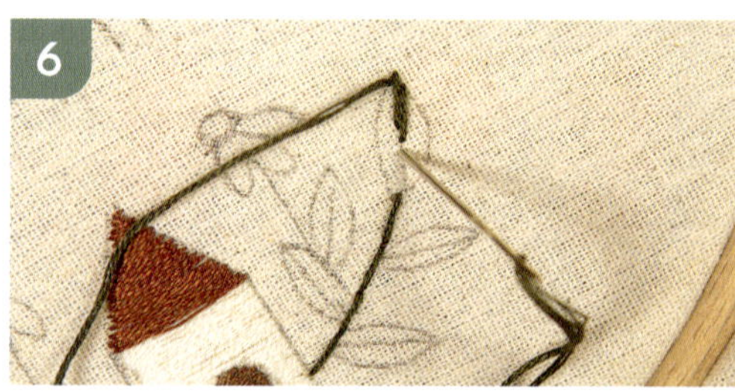

Dann gleich die Blätter mit dem Grätenstich füllen, ohne den Faden abzuschneiden.

7

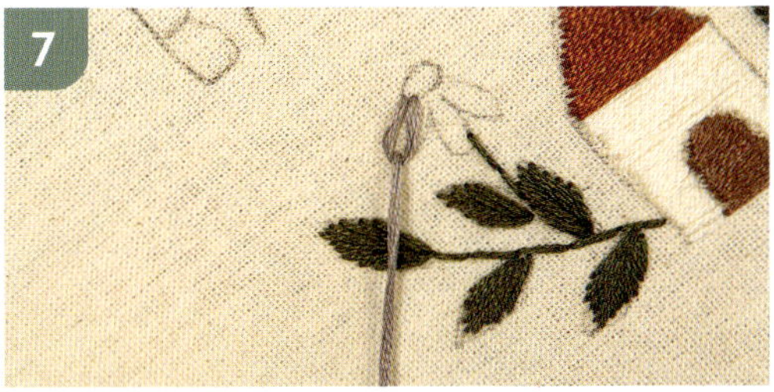

Die Blütenblätter mit dem Margeritenstich in der Farbe Erde sticken.

8

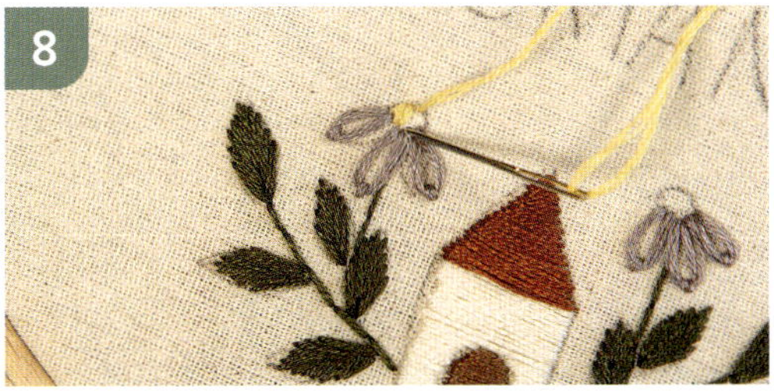

Die Blütenmitte in Goldgelb mit dem Plattstich füllen, dabei von oben nach unten sticken.

9

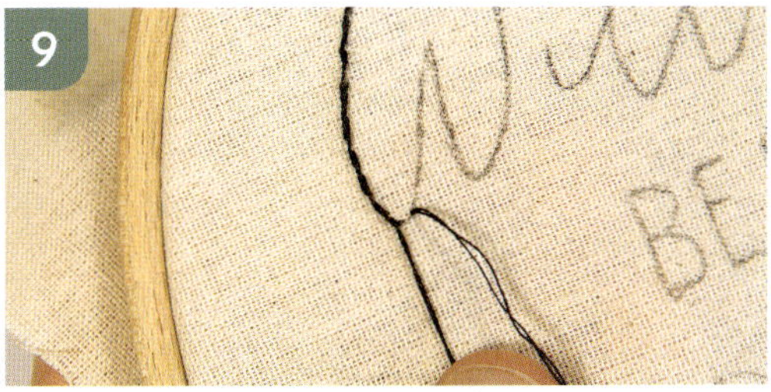

Den Schriftzug „Willkommen" in Schwarz mit dem Stielstich sticken, dabei in den Rundungen die Stichlänge etwas verkleinern.

10

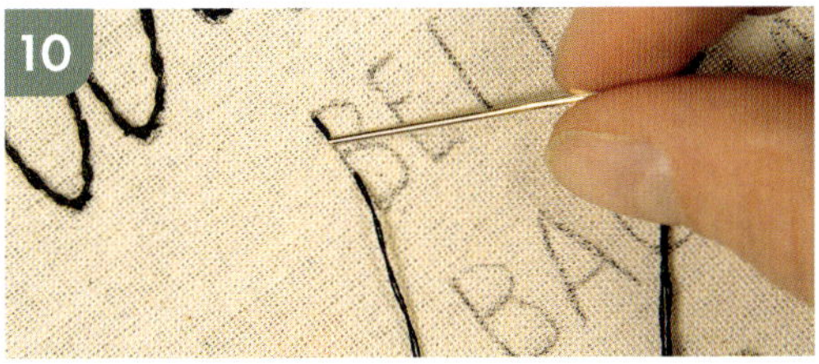

Die anderen Wörter in derselben Farbe mit dem 2-fädigen Rückstich sticken, dabei ebenfalls in den Rundungen die Stichlänge verringern.

11

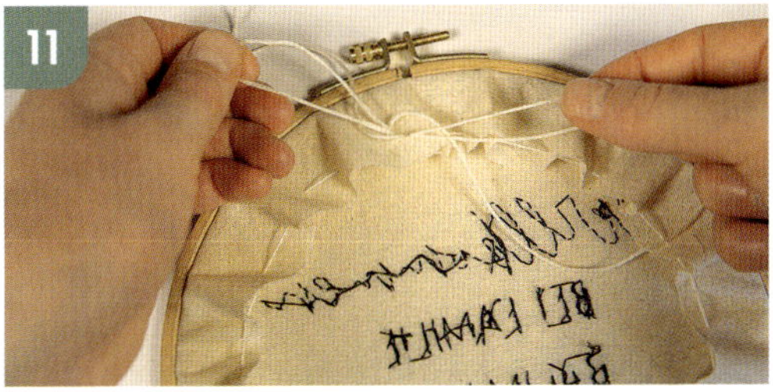

Zuletzt die Rückseite verschließen (siehe Seite 12).

12

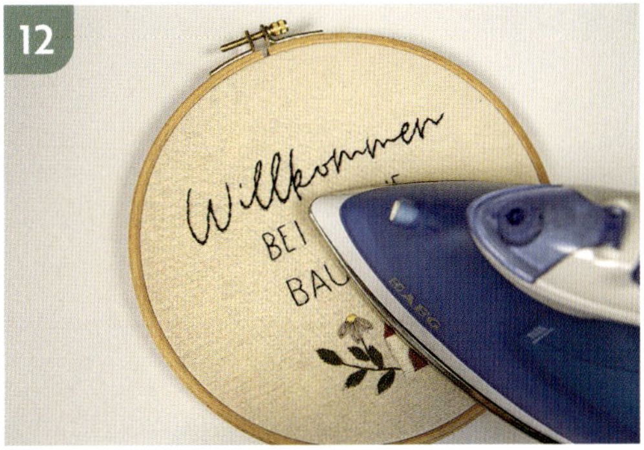

Gegebenenfalls noch sichtbare Vorzeichnungen des Stifts jetzt vorsichtig ausbügeln oder auswaschen.

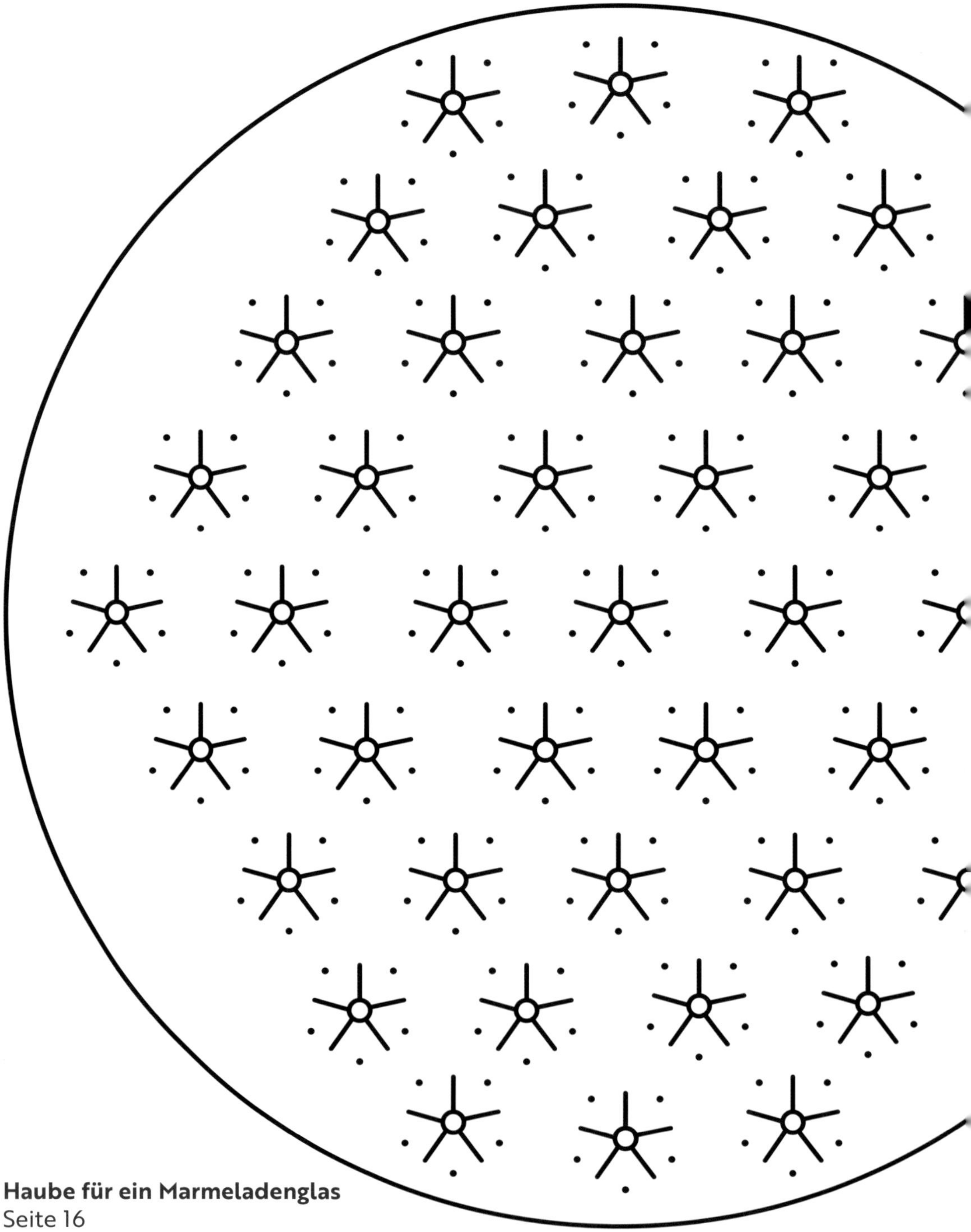

Haube für ein Marmeladenglas
Seite 16

Bestickte Täschchen Seite 20

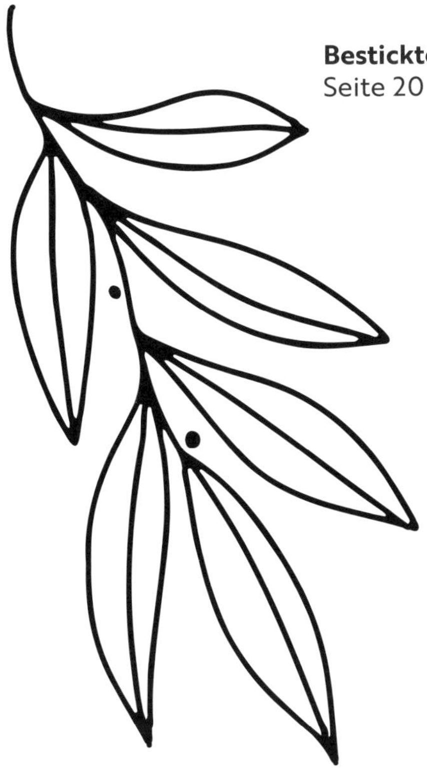

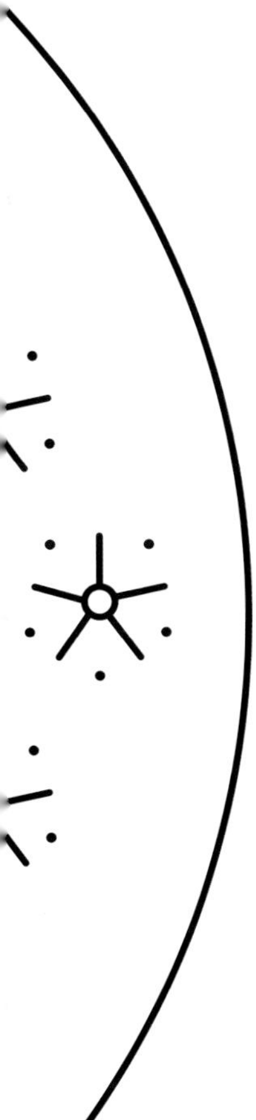

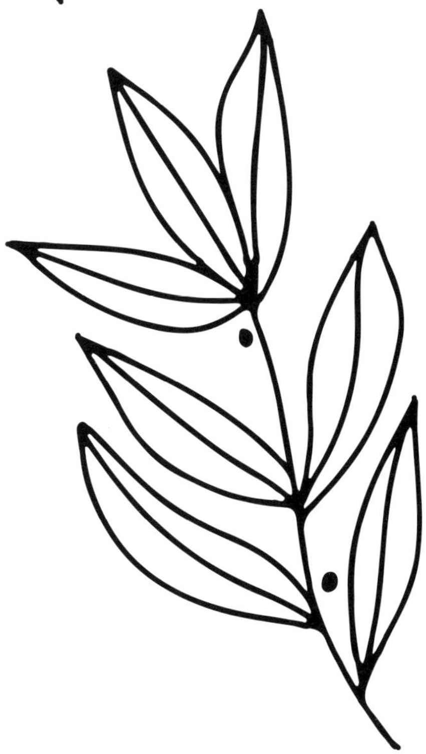

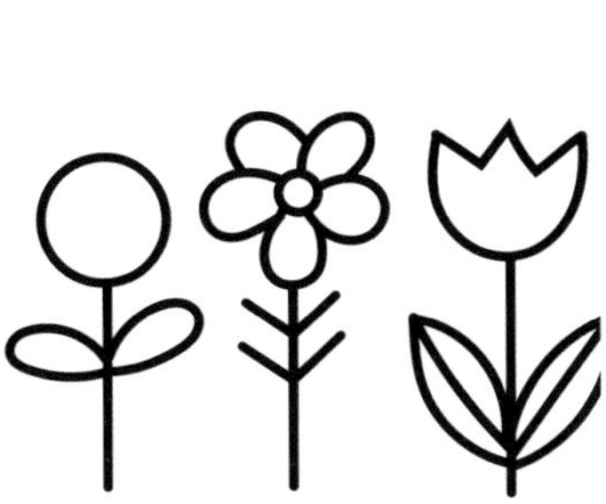

Socken Seite 28

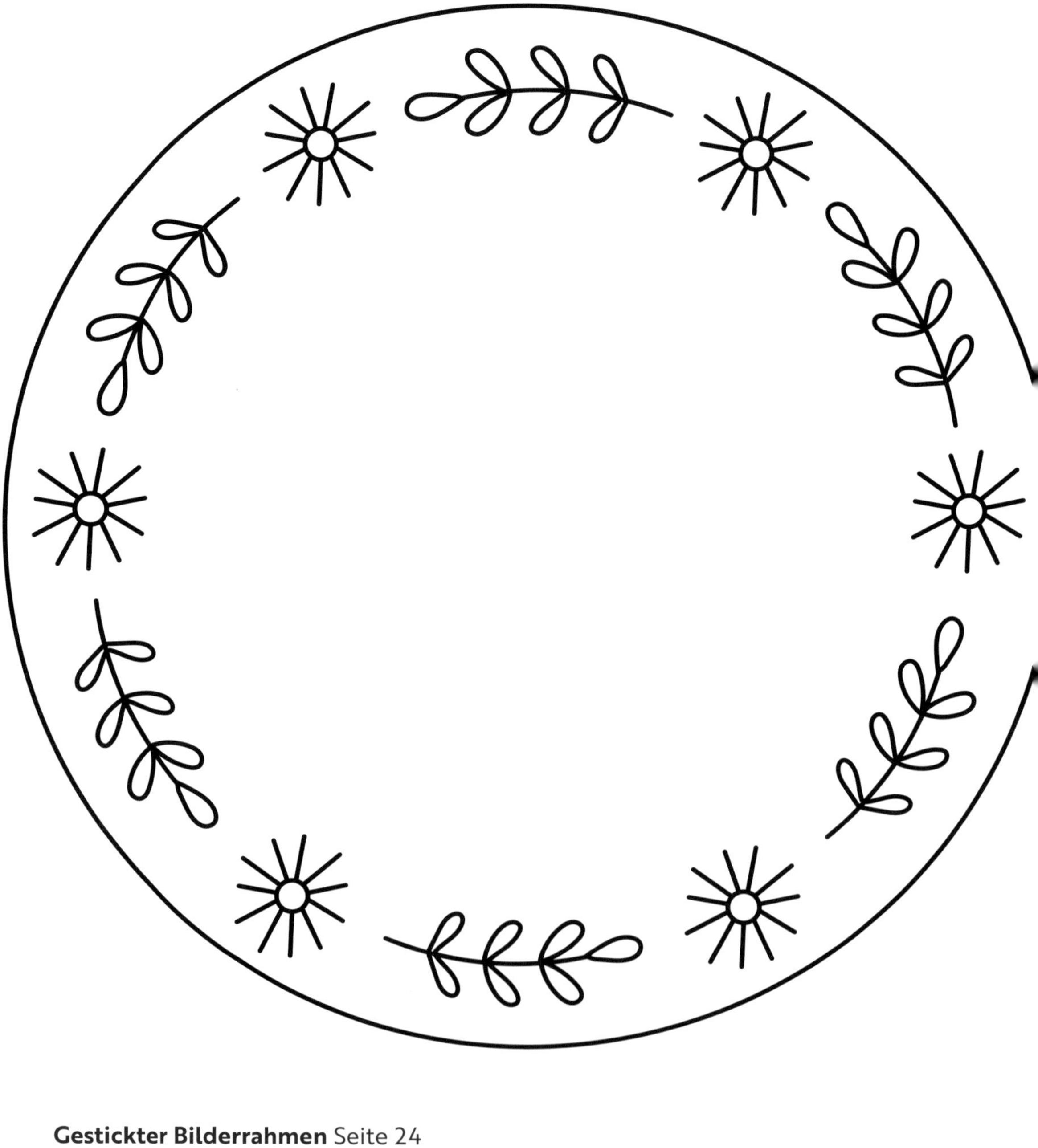

Gestickter Bilderrahmen Seite 24

Ringkissen Seite 32

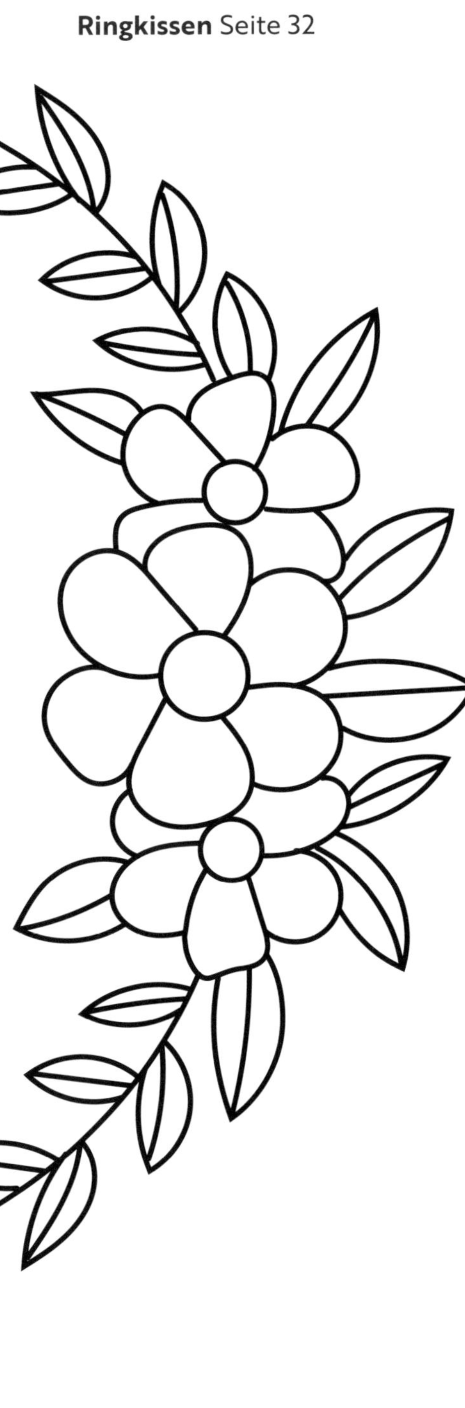

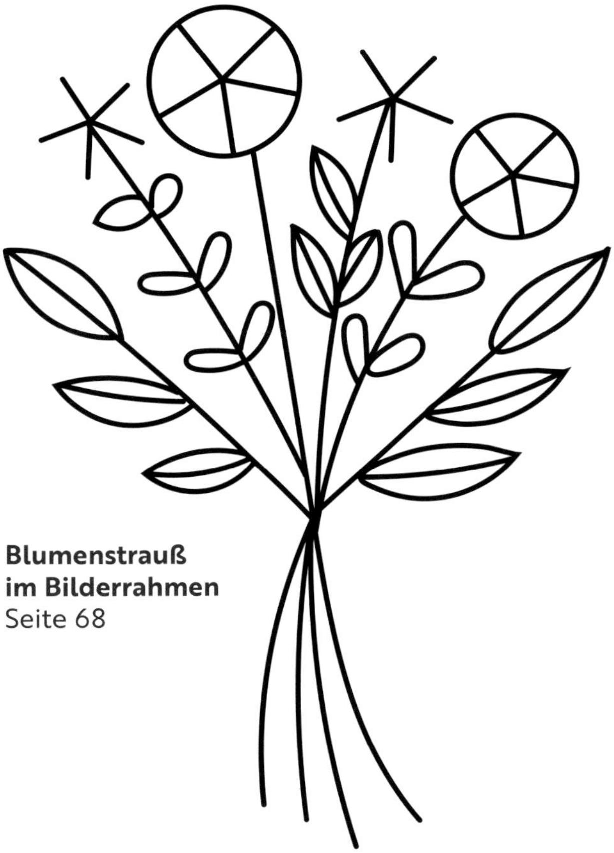

Blumenstrauß im Bilderrahmen
Seite 68

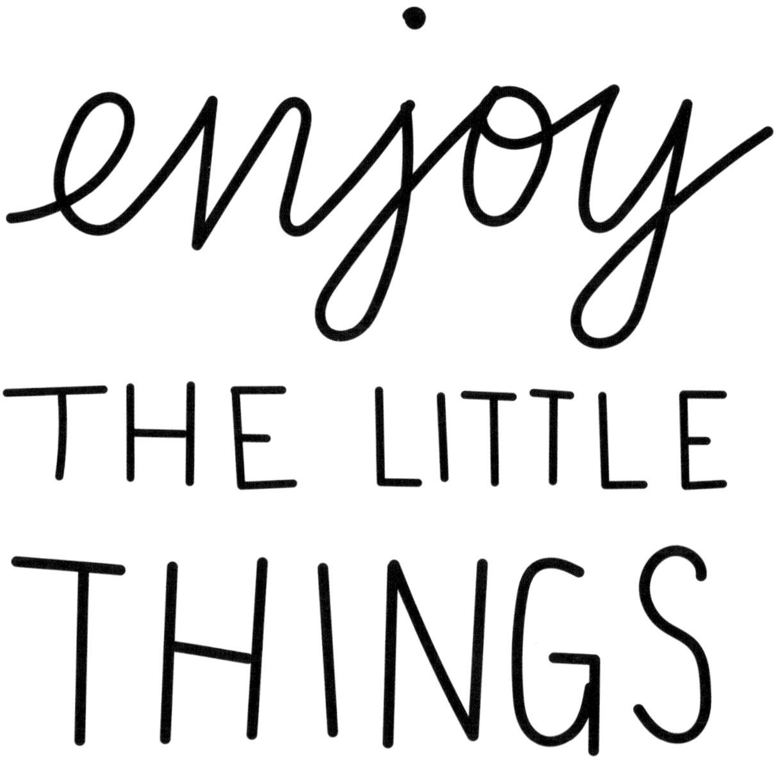

Decke Seite 36

Geschenkschachtel Seite 48

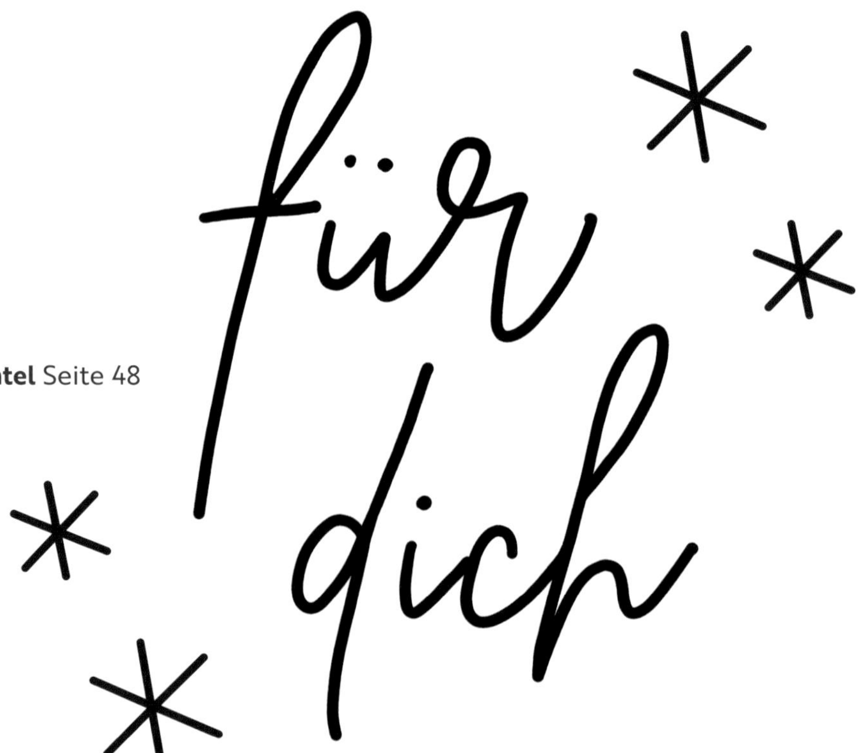

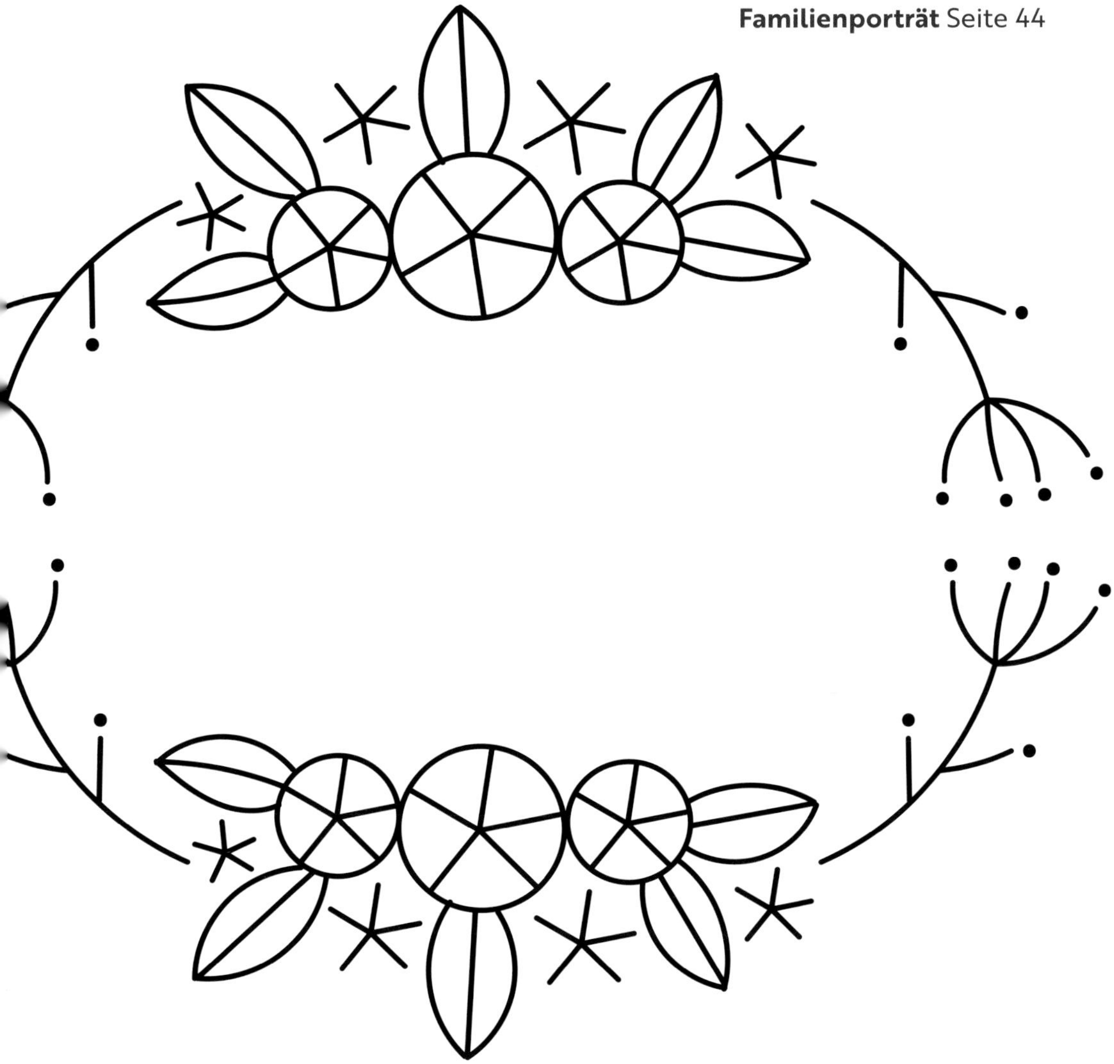

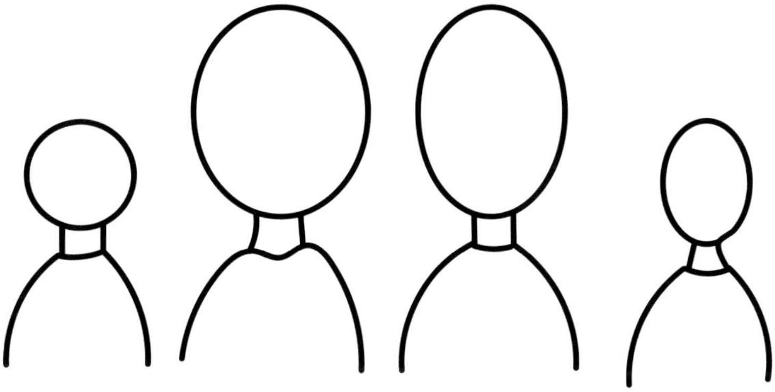

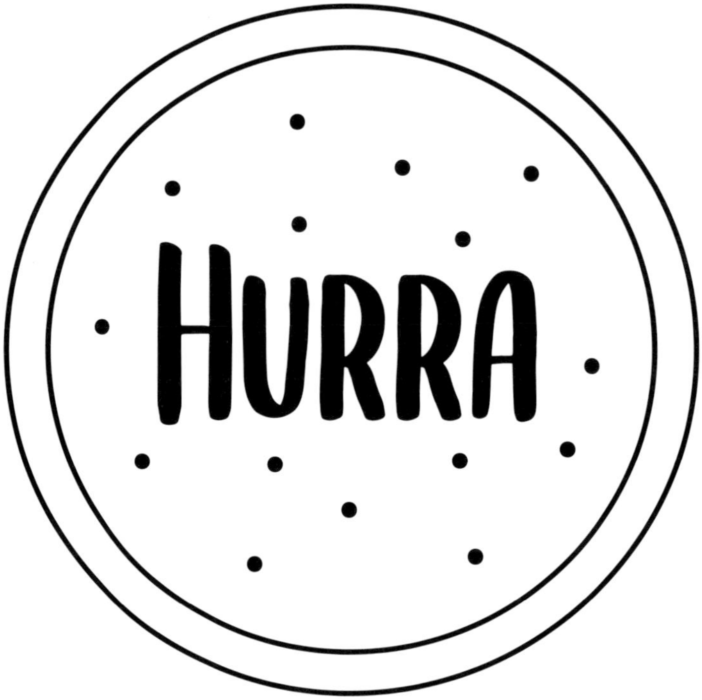

Geschenkanhänger
Seite 64

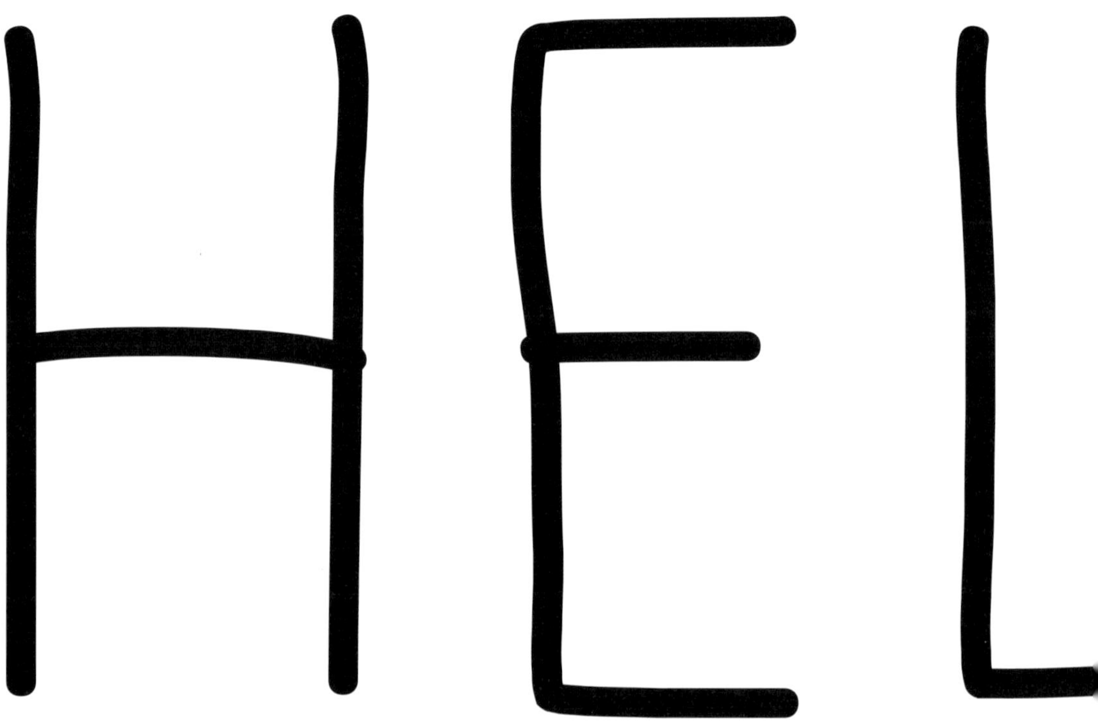

Lesezeichen Seite 76

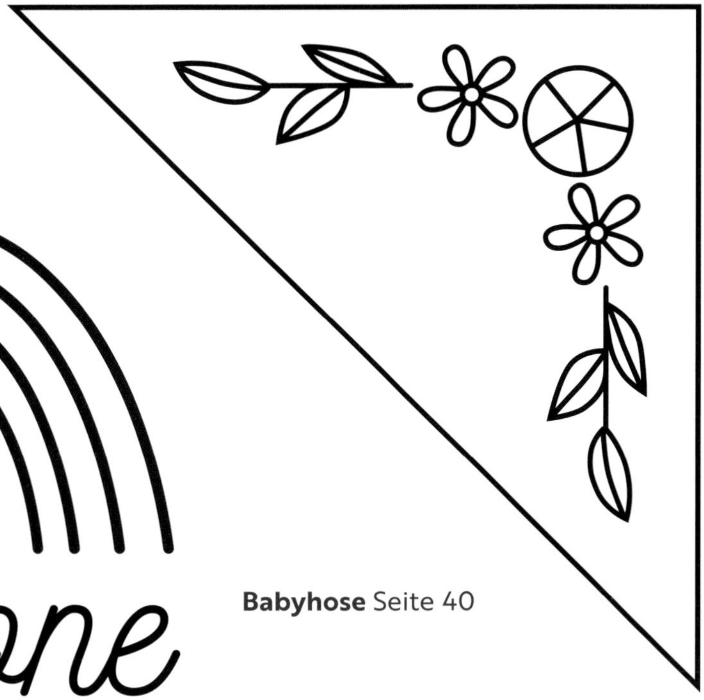

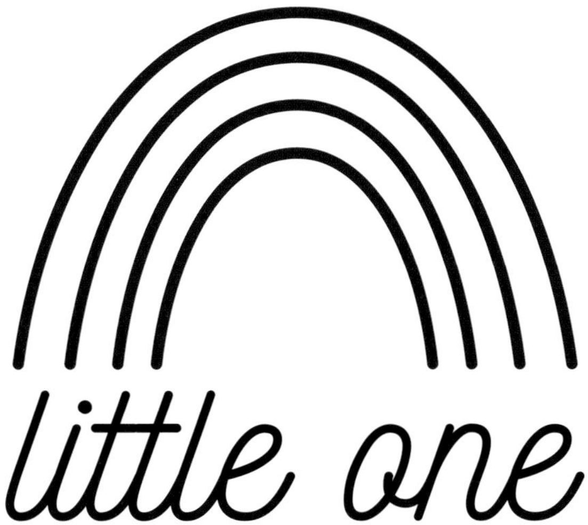

Babyhose Seite 40

Bestickter Läufer
Seite 56

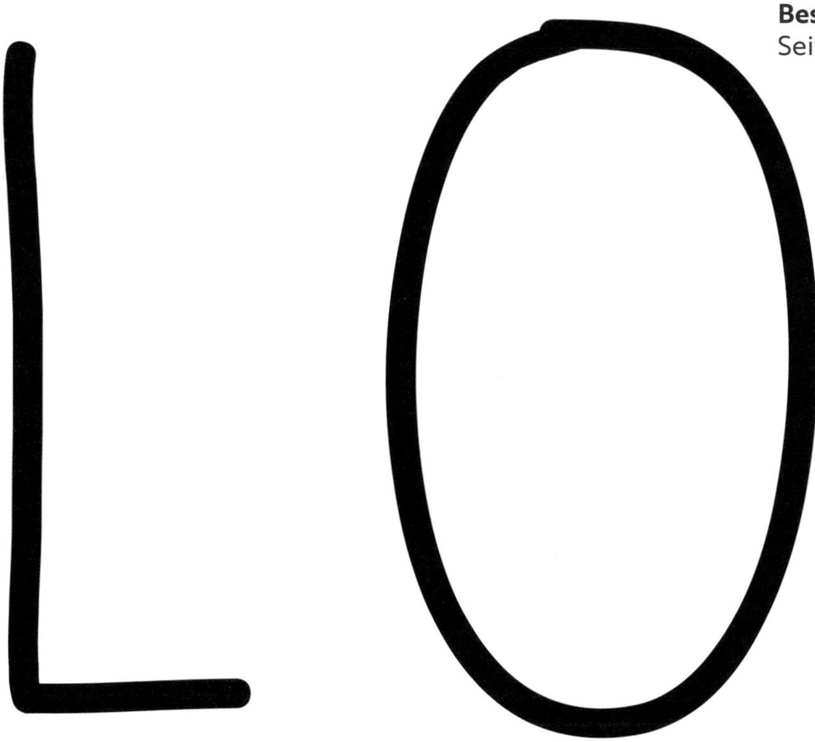

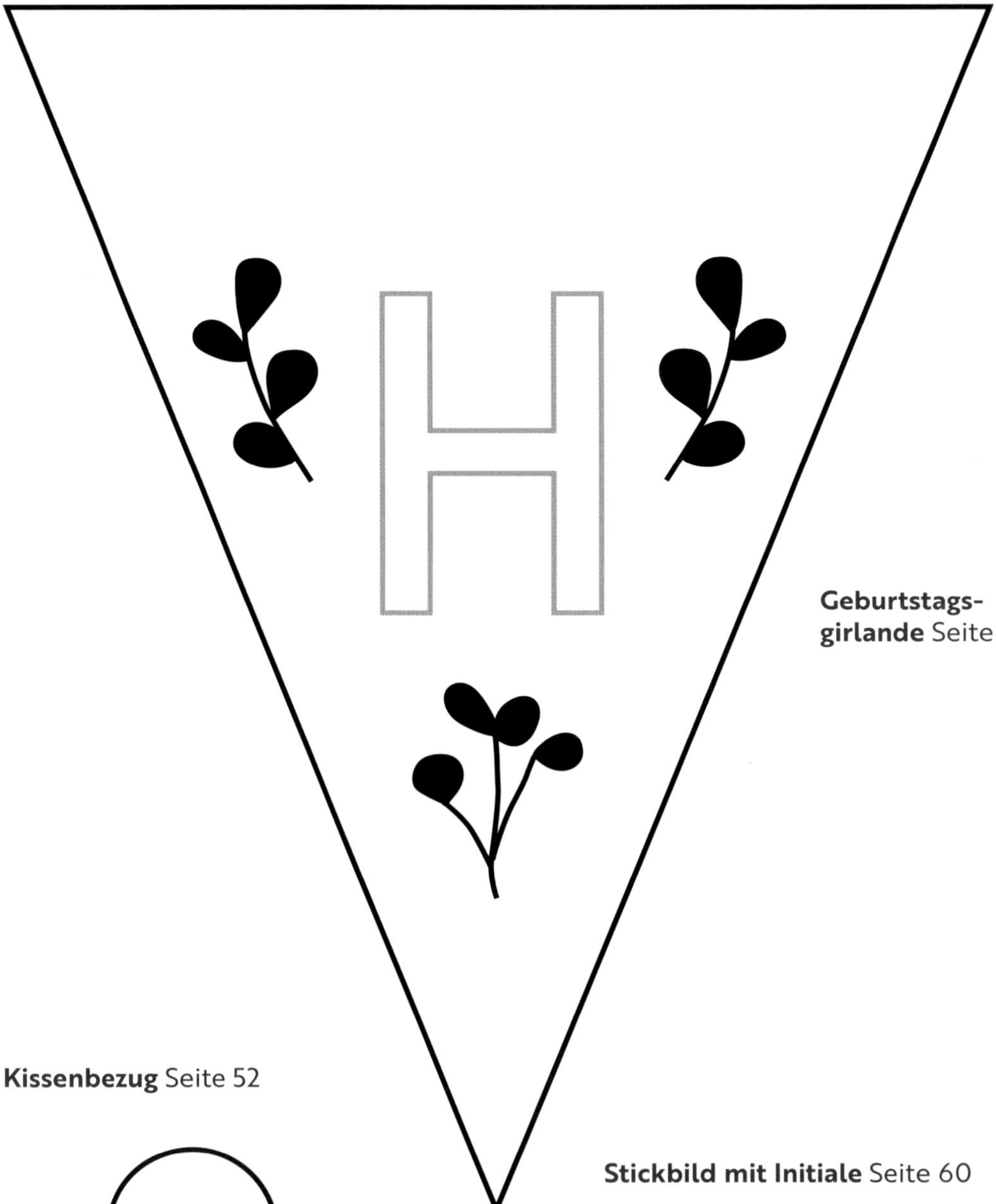

Geburtstags-girlande Seite 72

Kissenbezug Seite 52

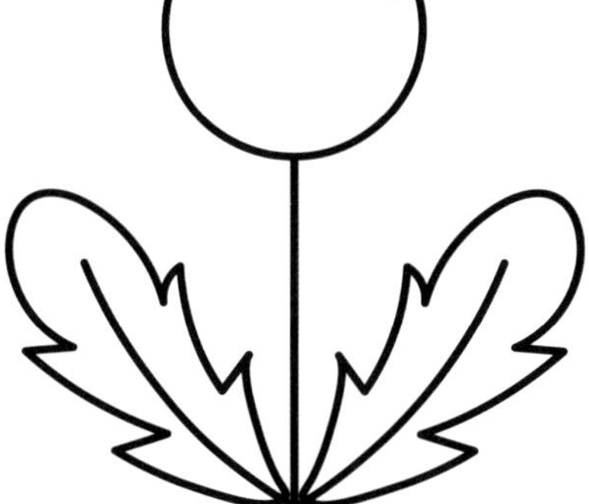

Stickbild mit Initiale Seite 60

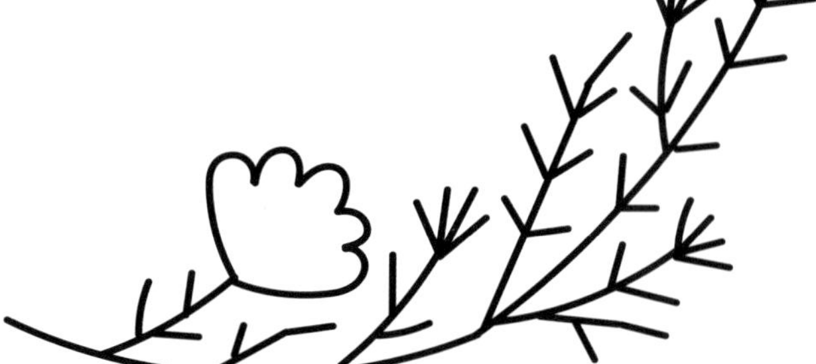

HAPY

BIRTD

Willkommensschild Seite 80

Willkommen

BEI FAMILIE

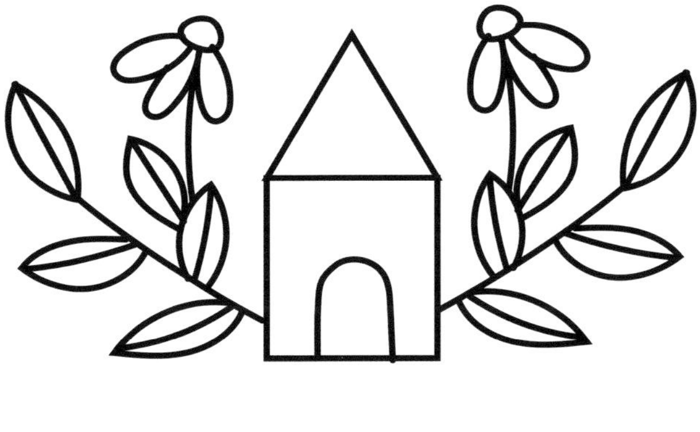

DANKSAGUNG

Ein eigenes Buch zu schreiben, war schon immer ein Traum von mir. In der Grundschule schrieb ich in Freundschaftsbücher unter der Kategorie „Traumberuf" immer: Schriftstellerin. Und tadaa – da bin ich nun!

Als Erstes möchte ich deshalb dem Christophorus Verlag meinen liebsten Dank aussprechen. Dafür, dass eure Anfrage so unverhofft in mein Postfach flog und bei mir freudiges Bauchkribbeln auslöste. Ich freue mich riesig, dass ihr dieses Projekt mit mir umgesetzt habt!

Ein weiterer großer Dank geht selbstverständlich an meine Familie, meinen Partner und meine Freunde. Ihr glaubt an mich, wenn ich an mir zweifle. Ihr hört euch alle meine bescheuertsten Sorgen an und holt mich aus meinem Gedankenkarussell raus. Ihr steht zusammen mit mir stundenlang auf Handgemacht-Märkten, unterstützt mich bei Workshops und seid einfach da. Danke, ganz besonders an Felix, Lena und Inga.

Der wichtigste Dank gilt wohl meiner Oma. Ich glaube, wenn ich früher nicht stundenlang bei ihr im Nähzimmer gesessen hätte, hätte ich nie meine Liebe zum textilen Gestalten entdeckt.

Ist es merkwürdig, auch seinem Hund zu danken? Sie wird es wohl nie lesen, aber sie ist für mich die wichtigste und beste Gesellschaft beim Schreiben und Sticken – und sorgt nebenbei dafür, dass ich regelmäßig an die frische Luft gehe.

BEZUGSQUELLEN

www.stickteufelchen.de
Garn und Nadeln

www.stoffe.de
Stoffe

www.buttinette.com
Stickrahmen, Stoffe, Vliese

www.wollerino.de
Nadeln, Stickrahmen, Nadel-Twister

www.pilotpen.de
Thermosensible Stifte